U0032295

# 照著做，你也可以成為
# 讀 心 大 師

橫跨兩岸百大企業
首席顧問講師 鄧為中

## 第一本教你成為**讀心師**的**實戰操作聖經**

雙手交叉於胸前就只有防衛性強的含意嗎？
不同的走路方法，能解讀出多少的內在訊息呢？
要真正學會讀心並解心，不能只從行為語言解讀，刺激、感受、念頭三元素，才是破解內心想法之鑰

## 練習/圖示/表格
## 讓你從此不再誤判對方的內心話

# 目錄

| 第三章 | 潛意識跟行為語言間的運作和影響

## | 第四章 | 練習運作大腦的習慣

## 序言

# 洞悉當下、過去和
# 未來的人心解碼學

／鄧為中（ERIK）

　　不知道你是否曾有過這樣的經驗，經過一些事情後，不禁在午夜夢迴中，心裡仍會思考著，到底別人是怎麼想的，又為何會做出難以理解的事情呢？看了很多心理相關的書籍，卻還是不能瞭解別人心中所想。

　　我們在「人」的問題上，實在面對到太多的問題和挫折，像是欺騙、背叛、衝突或是分手、失戀等問題，我也曾遇過，在無數的事件和研究之後，我找出一個完整且有系統的方法，如果你深入瞭解本書並確實練習，將可以輕易地洞悉人心的運作和秘密，並且找到改變命運的方法。

　　也許，這本書不同於你過去所接觸過的讀心書，因為本書談的不只是情緒和表情，而是在每個表情和動作背後，心底的真正想法是什麼？甚至做到比當事人更瞭解自己。

　　這才是本書要帶給你的，把別人的心事和經驗都讀進心裡，而不只是光看別人的表情和情緒，猜想他撒謊的可能性，因為深

入瞭解別人和心的世界才是我們最希望知道的。

　　由於讀心術的書已經多如牛毛，自從上一本書提出情緒模組的新學習概念後，這次商周出版社特別希望我就實際教學多年的經驗，提供更不一樣的內容，甚至是實際練習的方法。所以本書中除了「觀察」以外，我更提供了實際練習方法，讓你透過觀察不只可以知道當下，還能知道對方的想法因由，甚至過去和未來。

## 總論

# 你的讀心天賦有多少？

　　首先，在真正開始進入讀心術的領域前，我想請大家先做一個簡單的心理測驗，回憶你過去是否曾經遇到以下狀況，有的話請在□裡簡單打個勾。

□ 曾經被自己（別人）的情緒和念頭搞得情緒低迷不振，覺得浪費時間。

□ 常對自己（別人）的行為和決定感到有點懊悔。

□ 在人際關係裡處於弱勢被動，常常要配合別人。

□ 不知道如何與別人快速來往，在交友瞬間贏得好人緣。

□ 不知道為什麼自己對別人用心，卻不被接受善待。

□ 不瞭解家人（對方）為什麼老是這樣（怎樣）作，改不過來。

□ 不理解為什麼自己常說一堆仍改變不了對方。

□ 不瞭解對方（客戶）為什麼最後做的跟說的不一樣。

□ 不知道怎麼有效快速地影響對方，讓其產生行動力。

□對自己的學習力不夠滿意，或決定事情不夠精準快速。

如果你在以上問題勾選超過三個，表示你在「察言觀色」的狀況，有可能已經影響到你的生活品質，但切勿過分擔心慌張！

這本書將會帶給你空前的收穫和解答，獲得受用一生的寶藏！但如果低於三個，表示你天生具有很高的感知能力，那你可以把這本書放下，然後轉身去買幾本心靈哲學宗教類的書籍來更進一步豐富進化自己，因為心識原則乃為用，本體還是不脫道德修養，有天賦的人可以往更深的地方深造。

| 第一章 |

# 認識人的心智運作

### 第一節

# 行為語言的出處，
# 簡單看透別人心思

## 「相由心生」的世界

相信很多人一定很好奇，為什麼行為語言專家從一個人的行為語言，就能知道他內心的想法？

看起來這似乎是個大哉問，但其實可以用最簡單的方式來理解，因為我們都曾聽過一句古話，**「相由心生」**。沒錯！在讀心

行為語言是大腦世界的顯現

的世界裡，一切都是有意義的，一切相皆由心所生，所以，行為語言、記憶與大腦和特質都是相連的。

有的人也許會覺得這可能是偏宗教或古聖先賢哲人說的過時話。但仔細想想，當你在進行任何的行為動作時，是不是伴隨著念頭和情緒呢？你能沒有念頭和情緒的做任何事嗎？你會發現，情緒和行為確實都是綁在一起，大至工作時的態度和效率，小至想要買怎樣的早餐，都是由念頭和情緒帶動，即使冷漠、冷酷，都是被讀心術定義成一種情緒。

那麼，情緒是從哪來的呢？以下我用一個簡單的圖形說明心智的輸出運作程序：

### 行為語言輸出程序

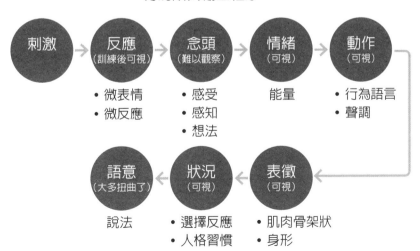

　　這個看似簡單的圖形，卻說明行為動作到底經過哪些程序出來。從最左邊看過來，你可以發現當人遇到刺激，就會迅速生成微反應和微表情，這時的「微動作」其實是跑在人念頭之前，這點已經由心理研究專家實驗證實，立即的反應是快於念頭和動作產生的，所以特別不容易隱藏，很容易被發現。

　　但正因為它比念頭更快，所以是最真實的內心想法。仔細看看從左到右，你也不難發現每個程序似乎都有人出過專書討論，但其實行為語言書籍在其中應該要被分屬為兩大類，一個是微反應，另一個是行為動作，前者是在0.2秒之內，後者是在0.8秒以後生成，代表的意義有所不同，這點必須釐清、不能搞混。

　　我用以下圖形再簡化說明其關係。

### 行為語言由三個元素組合而成

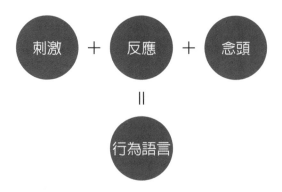

這是一個最簡單擷取行為語言三元素的公式，說明任何行為語言其實是由三個東西相加的總成，而我們常常猜人的想法，其時就是猜「念頭」。

舉個例子，夏天抱怨好熱，一定要有夏天的氣溫當刺激，然後你的身體感覺到熱，意識發現到好熱，汗從頭頂冒出，讓你覺得不舒服，你才會擦汗（如果沒意識，好比專注在某件事，是不會感覺到熱而擦汗）。

同理，如果你看到龍蝦大餐，感受到餓，心裡想要吃，才會駐足在餐廳門口流口水。內心想法正是一般人認為讀心術要猜的東西，但是在那個行為之前，我們還有更為重要的「刺激」和「感受」要注意，這點往往被一般的讀心術書籍忽略，而造成很多人誤判。

可千萬別小看這公式，因為這簡單公式正點出為什麼**很多人看一堆讀心術的書卻沒有學成的真正原因，因為行為語言其實是果不是因**，掌握了「三元素」的概念，知道刺激並且對對方的感受有一定認識（構成了有關係的三連線），這個念頭就能從行為語言被精準逆推回來。以下我以電影《珍愛人生》的片段為案例進一步說明（請掃描右邊QR Code做參考）。

《珍愛人生》的片段
QR Code

電影《珍愛人生》開頭，有一段校長訪問主

角的橋段，主角克莉絲被問到懷孕問題時，顯露出種種不配合的情緒，但如果你能細細觀看，就能在一開始輕易的知道她發生什麼事。

讓我們先試著想想，是懷孕問題讓她不愉快嗎？或者是她不喜歡校長呢？又還是這個問題讓她聯想到的事而不高興呢？

把刺激源填入，再綜合當事人的感受，就會找到念頭

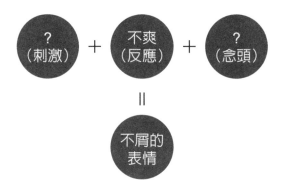

看完這一分半鐘的電影橋段，你會發現主角總共面對三個大刺激，分別是「懷孕問題」、「家庭訪問」和「休學問題」。

首先第一個刺激「懷孕問題」，面對懷孕，她出現不屑、無助、沒轍、困擾四種情緒；面對第二個「家庭訪問」的刺激，出現了警告的情緒；面對第三個「休學問題」的刺激時，則出現憤怒和受害的情緒。

從以上的觀察，就不難推知她長期處於無助困擾的受害者關係。

那麼，你可以判斷出她發生什麼事嗎？請見下表的說明。

## 「三元素」整理

| 刺激 | 反應 | 念頭 |
|------|------|------|
| 懷孕問題 | 不屑 | 我不想談這個 |
| | 無助 | 誰能幫幫我 |
| | 困擾 | 這讓我很煩惱 |
| | 沒轍 | 我也莫可奈何 |
| 家庭訪問 | 警告 | 我媽的情況，你最好別來 |
| 休學 | 憤怒 | 為什麼受害的反而是我 |
| | 無辜受害 | 我是無辜的，不情願的 |

沒錯，當你把念頭一個個列出後，腦中就會浮現出答案。這正是一個被長期強暴的事件，而且她的母親可能知情，請問這是誰幹的呢？應該就不難推知吧！但是如果只看情緒，就不能解讀出背後的事件原因，因為「念頭」被忽略了。

# 難以讀心的第一個關鍵

每一個情緒變化都要參考刺激源的轉變，正也因為如此，一般坊間的書沒有明確指出實驗的刺激是什麼，所以得到的情緒指向意義也會不同。

如果有一天你中了統一發票兩百萬，同事邀你唱歌，你馬上就會答應，甚至可能會主動買單請客，但如果你是當天掉了皮包，同事邀你去唱歌玩樂，你很可能就會拒絕。

請注意，同事邀請的動作是固定的參數（基準線），也就是說，刺激是固定的，但是結果為什麼差異這麼大？

這就是因為一個人的行為語言受到的刺激其實是複合的，所以一定要找到或控制當下最明顯、最有力的刺激，不然所得到的行為語言結果，常常反而會讓我們誤判。

因此在任何行為語言中，如果不把對方的基準線先確立，不把主刺激設定清楚，就開始對行為語言的觀察，就容易對對方的念頭產生很大的偏誤假設。

這也是為什麼很多讀心術的書籍都是由警官所寫，因為當警官問話時，主刺激都會握在警官手上。但是在日常生活中，由於自己的身分不一定都構成主刺激，所以就很難進行精準的測試，因此你要觀察別人的情緒，一定要留心注意主刺激到底是什麼。

## 記憶與基準線幫助判斷對方感受

我們再進一步討論這個簡單公式的另一種可能，有沒有可能在同樣刺激下，造成每個人感受和想法不同呢？答案是絕對肯定的。

因為人的行為組成是複合的，人類有其共通性（大腦與神經），但也存在很大的個別差異性（感受、思想與反應都不同），記憶與天賦也不同。

例如爸媽對兩個孩子做出同樣要求，一個可能勇於挑戰，另外一個可能會退縮。又好比如果發一張菜單給一群朋友，每個人想點的食物可能不一樣，部分人喜歡的美食，不代表所有人都喜歡，所以同樣的刺激會對不同人產生不一樣的感受。

這也是為什麼一般科學心理學只能做到統計，無法做差異化分析，因為一旦要注意的變因過多，就會很容易造成實驗無法控制（統計後得到的結果，也代表部分的人有共通性）。

讀心為了要建立個別的準確觀察，我們也要對單一個案進行較長時間的統計和分析，這個所得數據就是讀心術裡常說的基準線，用以觀察對方的行為變化差異，以捕捉其行為情緒能量的變化。

然而基準線到底需要多少時間建立，就要依個別的讀心師

能力和經驗決定，有的人只需幾秒鐘，有的人則需要三十分鐘以上。

這也是為什麼任何一個業務在一行待得夠久，就會有一定的敏銳感，因為一旦形成腦中的記憶與基準線判讀習慣，大腦就會進行一定的比對分析。

## 同樣情緒下的行為語言和表徵

雖然不同刺激對不同人會有不同感受，但人對同樣感受卻會有極其相似的行為反應。

舉個例，雖然不是每個人都討厭榴槤這樣的水果，但對於同樣討厭吃榴槤的人而言，情緒就會很一致，至少你不可能看到開心這類的情緒。

這也是為什麼行為語言如此重視辨析情緒的原因（請注意行為語言是情緒的枝葉，情緒才是連通心理的主要筋脈），如果掌握好情緒，基本上行為語言就是輔助證據，更可佐證於你的推斷，請參照下圖：

## 一種情緒可以生出數十種行為語言

當你發現對方心動的時候⋯⋯

| 手 | 臉 | 身體 | 行為 |
|---|---|---|---|
| • 手部靜止 | • 瞳孔反應<br>• 深呼吸然後停止<br>• 眼部周圍肌肉放大<br>• 露出微微笑容 | • 頭部微微向前<br>• 身體不敢面向對方 | • 陸續追問<br>• 動作突然變大變強 |

　　因此，大多數人討論研究細微的行為語言，卻不做整合性的分析，這就是造成大家為什麼看了一堆行為語言的書，仍不能領略讀心術。

　　基本上，若能搞清楚「刺激」和「反應」兩個元素，基本上你離答案（對方的念頭）就自然近了，但如果忽略這兩個重要變因，就會看了一堆行為語言還是很難驗證。希望這裡幫大家正本清源的搞清楚這個觀念，能為你解開長久學習不能貫通的問題。

## 行為語言有哪些線索

　　很多人看行為語言會容易失焦，不知道到底該看什麼，好像什麼都可以看，但又不知道從哪裡開始看，其實天下讀心術百百抄，卻不脫我們前面提到的行為語言發展進程表。

　　行為語言不只可以看行為，很多線索都可以參考。基本上，被讀心術分成四大類，看得到的有「行為語言」、「反應」和「表徵」三大類，看不到的有「聲音」一類（最容易入門，但因為文字難以表達，只能實作，故不在本書深入解析，本書主要針對視覺方面）。

　　接下來，請回到本節的練習，請問，以下如果是你看到的狀況，你覺得這些人可能受什麼主刺激呢？

## 路人等待圖

因為這兩個人近乎是靜止的，所以很難猜主刺激。有經驗的讀心師就會知道，其實他們是受一個過去事件的刺激，也就是「內在刺激」，所以你可以看到他們的情緒，但是「念頭」在當下難以發現。

事實上，在沒有明顯主刺激的情況下，人都受內在刺激影響，但是因為沒有實驗的機會，所以很難當下知道當事人的想法，只能透過走路、身形、特徵和打扮，推知他的更深層心智系統，但難以得知當下的想法念頭。

很多人都以為學了讀心術，一下子就能透視路人在想什麼，其實不是不行，只要有辦法知道主刺激，就能立即推知對方的心中想法，但是若沒有充分的三元素條件，也只能純欣賞了。

## Erik 的讀心練習

### 動態學習才是真正學習讀心術的好方式

　　大家現在應該明白為什麼讀心術難以用靜態照片學習（只能從特徵和相術上下手），因為無法求證，只能說出可能，但只要是超過三十秒的錄影，下一秒就能為上一秒做驗證。

　　接下來，就請你試著用三元素的概念，找一段網路上的影片測試，並把空格完成。

　　經由二十個以上的練習，你就可以開始在日常生活上練習，將會有很大的奇蹟發生。

| 時間 | 刺激 | 反應 | 念頭 |
|------|------|------|------|
|      |      |      |      |
|      |      |      |      |
|      |      |      |      |
|      |      |      |      |
|      |      |      |      |
|      |      |      |      |
|      |      |      |      |
|      |      |      |      |
|      |      |      |      |
|      |      |      |      |

## 第二節
# 大腦原本的驚人學習能力

## 運用潛意識，而不是思考

潛意識具有神秘巨大的能力已是眾所周知，但它到底是什麼呢？

「潛意識」其實是很多東西的總稱，它是人類的神經與大腦系統，也是宇宙意識、各種記憶與認知的總稱。關於它的研究，充斥於各種學問中，例如修道、禪修、命理、心理學、靈學、生物學、大腦科學等。卻因未被一般的學校深入到教育系統裡，所以大家仍未能清楚其中定義，舉凡成功學、心靈類、愛情類，甚至於催眠速讀，都有關於潛意識的敘述，但是因為名詞定義過多，所以仍少有人把潛意識做一個整合定義，把其中的關聯說明清楚。

但是我們生活中的總總，百分之八十以上都與潛意識密切相關，甚至受它直接作用，不管是學業成績、人際關係、感情關

係、工作能力，甚至事業發展，都與此脫離不了關係。因此，如果不學會控制它、利用它，不僅可惜，更會被其牽制。

好比一個人騎著一頭象一樣，如果你能充分利用，大象能幫忙載物交通甚至工作賺錢，但是如果被牠牽著走，你將會充滿無力挫折，因為你根本控制不了大象（你的心和潛意識），牠會讓你撞上無數的麻煩。

因此，我必須提醒大家，要達到讀心的作用，一定要勤加練習書中的各種練習，不要光想用「眼睛和大腦」學習，要把潛意識多加訓練，經過一定時間進入到你的程序記憶區，滲入到潛意識，變成你的本能，最後自然可以應用自如。

讀心術可說是潛意識裡自然運作的一種力量，在工作上，讓你能夠洞悉細節；在溝通上，能夠輕鬆引領對方；在人際上，容易發現他人心念；在創作上，能夠別出心裁；在管理上，容易發現漏洞改進工作；在行銷上，能夠創意迸發；在戀愛上，能讓你比一般人的異性緣佳。

所以，你可以把它想成潛藏的一種寶藏與力量。只是有的人本來就是已開發的，占了一些優勢，有的人只是尚未開發。

因此在讀心術的運用上，其實也是充分利用潛意識，既不是光利用觀察，也不是光用思考。觀察和思考就像是一種運動模式，我所教你的訓練模式，便是在幫助你的潛意識運動，然後發

揮出它的原本潛能。

因此，也就是說，當你能輕鬆的用三元素獲知對方的可能想法，這些答案並不是你思考出來的，而是經由潛意識的幫忙，所以你只要善用潛意識即可。至於我發展出來的方式，便是幫助你的潛意識。

## 觀察只是如實接收並驗證

如何透過對方行為動作就能知道他的想法，以及他為什麼會這樣想？只有知道想法的出處和來由，你才能幫助他改變想法，脫離過去的陰影和挫折，或者啟發他無窮的潛意識，那才是讀心術最大的幫助與益處。

念頭是看不到的，所以你必須知道，眼睛看到的不是想法，而是從對方想法中演變出來的行為動作。這點非常重要，這是一個行為語言界普遍極大的盲點，這也是為什麼很多人看一堆讀心術的書還是不會用的原因，因為行為語言是輔助猜到、看不到，卻真實存在的想法，並非就代表想法。

例如你可以懷疑別人說謊，但對方是想欺騙你，還是想給你一個驚喜，這不能從一個行為語言上就能輕易看出想法，必須經過動態的其他行為語言和互動辯證。

然而這些看不到的念頭，只要把觀察到的資料如實交給潛意識，答案就會呼之欲出。

很多人無法知道別人在想什麼，都是因為無形中有了限制性信念，所以掉入情緒陷阱，認為凡事一定有標準解答和方法，殊不知這就是扼殺潛意識的最大病因。

## 把感官蒐集到的訊息交給潛意識

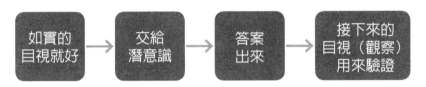

這也是為什麼往往我們問成功者的要訣，他們會說「做就對了」，因為他們並沒有限制性信念，但是你問到失敗的人，他們總是說「萬一⋯⋯怎麼辦⋯⋯」，這反映了前者的潛意識準備接受所有可能，但後者卻是想著失敗的總總恐懼，專注在害怕上，反而更加劇自己的失敗感受和可能，但當事者常常不明白。

## 十大智能訓練與八種日常練習法

為了訓練潛意識，我將以十大智能訓練貫穿全書內容，以引導你利用潛意識瞭解別人。

　　此外，本書第四章將說明八個可以加強感官與大腦接收能力的練習，讓你在生活中不自覺的就能提升讀心能力。

　　請千萬注意，讀心術是一個動態互動技術，最好是利用動態影像或實作才不會有過大落差。所以請到我舉例的段落電影實際練習，或是實際操練我提供的練習，不要只是閱讀，因為讀心術不是知識而是技術，需要動起來，只有一起參與練習，才會變成你的技術。

## 十大智能訓練

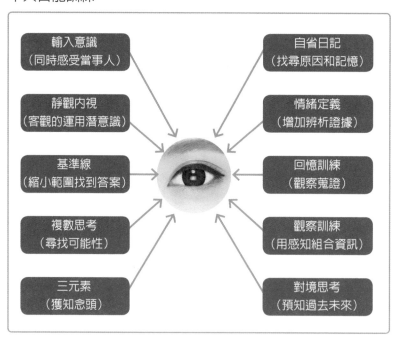

「三元素」練習（第一章第一節）——透過觀察刺激和反應，就能知道對方想法。

「複數思考」練習（第二章第七節）——念頭與動機可能存在數種可能，複數思考的練習可幫你找尋種種可能，也能幫你找到更有創意的應對方法。

「基準線」練習（第二章第七節）——大腦在找答案的過程會進行諸多假設，但最後找到唯一，就得刪除一些可能，所以基準線的思考習慣能幫助你判別答案並縮小可能性的範圍，找到最準確的答案。

「靜觀內視」練習（第一章第三節）——每個人其實都可以知道別人心中想法，只是因為過於主觀，或是情緒難以平靜，所以造成錯視。靜觀內視的練習就是在幫助你達到平靜客觀，運用潛意識的最大作用。

「輸入意識」練習（第二章第八節）——這個練習幫助你感受到對方的感受，並讓對方感受到你有同樣感受，如此將幫助你更容易被對方接受。

「自省日記」練習（第二章第一節）——幫助你找到對方深層的動機原因。要改變對方或是理解對方，光從表面理解不夠，這個練習能幫你更徹底的瞭解對方，因為如果要改變對方，就要從根本的記憶上著手，所以這個練習是所有練習之首。

　　**「情緒定義」練習**（第二章第三節）──雙眼看得到的情緒都一樣，但所代表的意義才是最大差距，因此要瞭解每個行為的意義，就要幫助大腦下定義，讓大腦能解讀你所看到、聽到的訊息，所以情緒定義是幫助深度觀察的路口，和佐證線索的最重要依據。

　　**「回憶訓練」練習**（第二章第四節）──所有行為動作一閃而逝，觀察時間久，腦內訊息量可能就較多。讀心者必須先儲存記憶，然後在腦海裡反覆觀察，因此回憶練習成為觀察的一個重要關鍵，能夠幫助讀心者進行更多觀察和找尋更多線索。

　　**「觀察訓練」練習**（第二章第五、六節）──觀察訓練是綜合以上所有訓練。每個人隨自己腦部的資訊所看到的行為深淺不一，就好像電腦對一個孩子而言，是一個遊戲機，但對繪圖師而言，是一個工具，但對一個工業設計師而言，卻是一個個組件。所以真正的讀心者在看待行為時，必須有更深層的心理意義。

　　**「對境思考」練習**（第四章第二節）──利用對境的觀念，找到一個人內心的想法，並且進一步根據對方想法預測對方未來的變化與瞭解過去種種，並且能夠知道當事者內心與外在世界的關係和互動未來可能。

　　以上十大智能訓練，是一個讀心師基本具備的幾個能力，可以讓你的讀心能力更完整通透，即使透過很少的動作線索，就能知道對方過去未來和現在的種種。

## 第三節

# 如何有效的讀心

## 讀心術的五大誤區

人天生就有瞭解別人的能力與本能，舉一個簡單的例子，你一定可以輕易地感覺到同事或主管今天心情好不好，決定要不要去招惹他，也能夠判斷你的情人今天是不是心不在焉，或者是不是有點異常。

這些都是讀心能力的顯現，只是隨人天賦深淺高下不一，這種能力的高度展現，可以知道如何和客戶應對進退，如何才能快速升遷。

所以這樣的能力越好，就能帶來越多的利益和好處，不管是在人際關係、愛情、家庭、工作、事業和學習上，都能為你擋掉不少問題障礙，為人生開創更多可能。

根據多年研究和實驗，很多學生可能原本不會念書，戀愛總是失利、異性緣不佳，或者是人際關係有問題，都是因為心念出

了問題，用了不對的思考與運作方式。

大腦的運作模式都是本能，但有好的習慣也同時有壞的習慣，很多人的問題就是在於他們發揮了壞習慣，而不是好習慣。

只要能夠放下壞習慣，就會有一定的讀心能力，如果能照著書中的方式練習，便能輕易的感覺到別人的想法，並且知道原因為何。

在讀心時，有五個壞習慣必須先避免，因為只要掉進這樣的壞習慣，你所感覺到的，可能只是片面的拼湊，並非是真實的實像。

## 第一、有成見在先

很多人因為「迷信」，所以不能自我覺察，不小心戴上有色眼鏡都不知道。

我說的「迷信」，不一定是宗教，甚至抱定一個觀念不變，例如「好人／壞人」或者「人性本善／人性本惡」都是一種迷信。

因為人是多變的，時時刻刻都在變，會變好，也會變壞，隨時一個念頭就變化了，如果想真正的瞭解別人，一定要打開心胸，不能用一種框架瞭解別人，框架本身就是一種限制。

過去的你可能做過一件壞事，但是你會變，會變好，但別人對你的記恨和記仇卻未必能改變。所以，如果他認定當初的你，

一輩子就是這樣，那他必定是個愚人，但試想，那個愚人也很可能是自己，不是嗎？

所以，不能用成見看別人，例如我們不能還認為頭髮過長或奇裝異服就是個壞孩子，因為那個時代已經過去，我們要改變很多成見，不然會在無形中用一把尺去看世界，而且是一把過時的老尺。

當你抱定對別人的成見，那你不是看見對方，只是用自己的方式解讀對方，而對對方的認識產生主觀的偏誤，不能真正進入對方心裡。因此，請把自己的那杯水先倒空。

## 第二、未通盤瞭解就做決策

傳統相術有一個觀念「相不單論」，這是一個看似很簡單卻深奧的道理，很多初入學習者的瓶頸就在這個階段。大多數的學習者都是希望能透過一個動作或臉部表情就認定對方的某些事情。事實上這是不可能的，因為所有的「相」都只是一個片段，要找到答案，就不能只用一個片段說明一切（但說明「說謊的可能」有可能），因為這樣的訊息並不足以完全解釋內心複雜的世界，也欠缺辯證確認的機會。

所以若沒有一定把握，真正的讀心師不會做武斷的回答，會多默默的觀察蒐集資料，真正需要判斷時，再做資訊整合，因

為越多的資訊越利於做出決斷。但是一般人卻很容易有「攬轡未安，踴躍疾驅」的毛病，殊不知「謀定而後動」才是真正有利。

## 第三、過分解讀情緒震盪

心如止水就能成鏡，心越靜，能夠感受對方的敏銳度就越高，好比一個人失去雙眼，聽覺反而能更敏銳，一個人失去視覺和聽覺，嗅覺和觸覺一定更敏銳，所以要讓感知越敏銳，就要關掉內心中不必要的想法，關掉多餘的動作和口舌，讓感官更敏銳的接受，而不是不斷動作。

但是，很多人想學讀心術，不是為了讀心，而是為了貪欲，但自己不知道，因此心中駐足了成見，身心根本靜不下來，對別人所作無感，把注意力都放在自己的貪欲和目的上，這樣是無法發揮讀心作用。

在讀心術的練習裡，也有這樣一塊重要的部分，把科學的靜坐原理應用到身心的安靜和休息上，如此可以大大提升感知的記憶能力，讓讀心有更準確的作用。

## 第四、不積極累積行動上的經驗

不同於傳統的「認知學習」，讀心強調實現於現代較新的教育方式——感知學習。用最簡單的話來理解，就是「讀萬卷書，

不如行萬里路」，因為任何跟感知無關的東西，都只是一種知識，不能變成行動上的經驗。

好比讀歷史，不如看《康熙王朝》電視劇學習歷史和管理容易，但是看電視劇，又不如實際在學校經營歷史社團的經驗深刻。

所以，學讀心就好比運用感官，要觸動更深的意識，讓感官能直接有效連結經驗。現在的孩子學習英語都使用情境式教學，就是為了讓孩子不只用腦記憶，更能讓感知協助記憶，因為運用感知的學習，效益本來就更勝於單純記憶。

你該打開成見藩籬，不再只是用書本圖片學習讀心，因為那只是輔助工具，好比跑鞋是幫助你跑步，但不會因為你多買幾雙跑鞋就能變成林義傑，你一定得動起來，肌肉才會開始記憶你的運動方式，潛意識才能提供運動細胞的機敏程度。

凡一切關於心的體會和感觸，都可以算是一種對於生命和智慧的積累，你該先整理自己過去在潛意識裡的經驗，而不只是開始背誦，或者盲目的在街上開始觀察。

## 第五、限制住自己的廣闊思維

聰明的人與較不聰明的人有一個思維習慣上很大的差別，聰明人的思維很具創造性沒有限制，但是較不聰明的人，卻往往怕

犯錯和充滿限制。

學讀心要避免主觀，對於客觀也不能有所限制，因為人的念頭是無形的，過去、未來都是看不到，只能透過觀察去辯證，用推理去推敲可能性，直到深入對方的心裡用行為去印證，就能比對方更瞭解自己。

但是，這個過程如果存在害怕的心理就會裹足不前，或者因為害怕，反而陷入低迷情緒，便完全不能發揮讀心的作用了。

學習讀心強調循序漸進，要把基礎打好，判斷過程要扎實，隨人的天賦不一，有的一個月就頓悟，有的需要半年，但不管任何人，只要循序穩紮穩打，把本書中的練習反覆操作數十次以上，效果即見。

## 靜心練習

瞭解該避免哪五大誤區後，接下來讓我們把靜坐融入讀心的習慣裡，讓心休息並靜下來，以便讓潛意識更清楚地感覺到所有細節。

## 靜心的三個階段

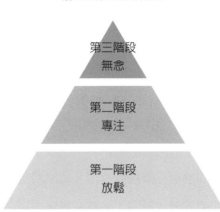

第三階段
無念

第二階段
專注

第一階段
放鬆

**第一階段：放鬆**

把所有事情放下，尋找一個安靜舒服的場合，靜靜筆直的坐在椅子上或
是盤腿而坐，眼睛微閉，深吸十五秒的空氣到腹部丹田，然後慢慢吐出
20秒以上，想像你的肌肉隨之放鬆，但不能睡著，持續二十分鐘。

如果你已經嫻熟第一階段的練習，便可以在五次後改換第二
階段。

**第二階段：專注**

把所有事情放下，包括想法，盤腿而坐，專注在呼吸上，直至忽略任何
疼痛，使意識不會被念頭拉走，讓意識與念頭合一，只專注在呼吸上。

如果你已經嫻熟第二階段的練習，便可以在五次後改換第三階段。

---

**第三階段：無念**

任何念頭稍微成形冒出，就讓它隨風飄逝，不跟隨念頭，專注在呼吸上，直至毫無念頭。

---

如果你已經嫻熟這三階段的練習，請出門走一圈，或到一個車水馬龍的地方進行靜坐練習，你將會發現，過去有太多訊息被遺漏，現在都一一被抓回來了。越多這樣的練習，你的感受度會與平常有越大的差異！

**第四節**

# 念頭到底是什麼？
# 從哪裡來？

## 念頭想法從哪來

不知道你有過以下的經驗嗎？要自己不去想某件事，或是要自己放下，反而老是會想起，甚至根本甩不掉、忘不了。或者過去和某人溝通時，總是會產生瓶頸，甚至爭吵都不能解決問題，以致彼此關係更惡化。或者和別人說定某件事，卻總是事與願違，不是失信，就是沒多久又故態復萌。搞不清這些人的想法到底為何？為什麼說的和做的有如此大差距？

如果想要知道別人的心中所想，首先你必須知道，很多人不能知道對方想法，都是因為從自己去想別人，或者認為溝通就能產生想法和承諾，殊不知想法的組成，是由對方的記憶所生，而且記憶在潛意識裡有許多組成，所以如果你得到的是口頭答應，並不是潛意識的認同，這樣的承諾也是建立在危險的基礎上，就算遇到失信也非常正常。

　　所以除非我們知道別人的記憶組成，或是改變別人的記憶組成，否則想要改變別人很難直接有效，這也是爲什麼我們總是苦於溝通不果的挫折中。

　　我們最想知道的「念頭和想法」便是從潛意識而來。也因爲念頭從潛意識不同記憶區所發出，所以分爲有意識、無意識與集體意識三種類別。

　　我們常常「溝通」的都是意識部分，但是眞正影響人的卻是潛意識部分，而想法和念頭正是記憶區塊受到外界刺激產生出來的產物。

　　所以，要知道別人內心中的想法，一定要把刺激考慮進來，唯有透過刺激，才能眞正知道這個刺激對於腦部的哪個部分產生作用，所得的結果就是對方的記憶拼圖。

　　否則，行爲語言只是一種表徵的拼圖，若這些動作如果不能轉譯成大腦裡的記憶拼圖，就只能做很表面的判斷；但是如果知道這些行爲語言，除了反應緊張和信心壓力狀態外還有怎樣的深層意義，就能深入到行爲與記憶的關聯性。

## 五大類記憶的組成

　　要進入人的內心世界，首先便要認識記憶，記憶在大腦裡共

分五種，每一種負責的作用不同，以下我做簡略的說明：

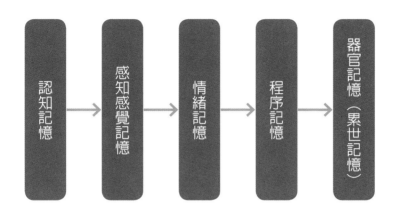

認知記憶　→　感知感覺記憶　→　情緒記憶　→　程序記憶　→　器官記憶（累世記憶）

## 第一類　認知記憶

　　認知記憶就是為了背誦而強硬記下的內容，好比中國四大發明是什麼？地球上十大歷史遺跡？金屬元素周期表？夏朝開國多少年？建都在哪？阿根廷的氣候特性？印度和巴基斯坦的爭端為何？日本鎖國多少年？由誰打開貿易之門？

　　相信大家都背誦過這類的知識，但是考完試後，大概都忘得差不多了，因為這樣的認知記憶非常薄弱。除非你挖到一個夏朝寶藏，或者剛好去阿根廷看足球，不然你的大腦很難將其轉成有用並熟悉的記憶，因為那些字眼對你而言，很可能只是一堆文字，一切都只能在腦中強硬記下。

　　用認知記憶學習讀心很困難，所以我建議有心想要學好的讀者，一定要把它變成生活或職場中的遊戲或習慣。

　　好比對孩子來說，要將九九乘法表強記背誦起來有些困難，但是反覆利用後，就會進入到程序記憶，於是就會變成潛意識的一部分，你就可以利用更多的機會斷定記憶的真實性，然後再進一步到更深的部分。

　　認知記憶在行為語言裡，也是最薄弱的部分，雖然背誦認知記憶占去我們很多時間（還不一定記得住），但在實際生活上的應用占得很少。好比我們知道考試緊張不好，容易失常，但是我們能止得住面臨聯考的緊張嗎？當然我們也知道早上要簡報精采得讓眼前的客戶和董事長眼睛一亮，但是我們的腳卻還是在桌下止不住的發抖。

　　在行為語言裡，認知記憶的行為語言沒有太大的參考價值，只是作為社交禮儀之用，但是在人真正患難之時，又會轉變成另一個更深的面貌。

　　因此，我們需要透過不斷反覆的練習和背誦變得嫻熟，所以古語有云「熟能生巧」，在工作上我們也常有標準作業程序SOP，就是指這個部分，學習讀心雖然不能把答案當做SOP思考，但是卻可以循著這個SOP進行練習，就像我們可以利用運動健身來強化身體，大腦心智同樣也有一些強化的訓練可以進行。

## 第二類　感覺與感知記憶

簡單來說，感知記憶就是感官記憶，屬於眼、耳、口、鼻、身的記憶喜好，但是其中分為兩種層次，兩種層次有很大的表現差距，初級的為感覺記憶，高一級的為感知記憶，兩者的差異在於能否與過去記憶連結對話，在社會應用上有很大差距。

感覺記憶，基本上是深層的器官記憶透過感官去感覺外在世界，漸漸地變成一種程序記憶，只是因為在當事人感受看來只是一種感覺，所以稱為感覺記憶，用社會的語言來理解，就是人的口味、喜好、愛好和使用者習慣。

這樣的記憶提升到另一個層次——感知記憶時，意義就更深層了，因為感官不再只是喜歡和挑剔，還會有分辨力，例如吃完一道菜不再只是談好不好吃，而能從嗅覺和味覺上分辨出廚藝、材料和程序；看了一部電影，不再只是好不好看，而能再討論其中角色和劇情的細節。

把現在的經驗當作一部分，提升到不會被困在感受之中，再與其他經驗相辯證討論，這樣的感知記憶能力能幫當事者不斷成長、創新，並累積經驗。以吃來舉例，跟感覺記憶相較，感知記憶強的就會變成天才廚師，而感覺記憶強的則是上山下海去找美食的饕客，一個是「生產者」，一個是「消費者」。

感覺記憶比例高的人，重視感官的享受與心理感覺，行為比較不拘，會自然展現自己，所以行為會很真實呈現心中想法，比較單純並容易理解，本身也難有大改變。

感知能力高的人，基本上就是一個天生的讀心師，並不容易推測其內心想法，行為也比較謹慎，因為在他們的內心裡，有一個我們看不太到的人格在運作，在進行辯證和抉擇的變化性極高，所以需要從細節多觀察才能掌握。但這類人比率只占人類的百分之二十。大多數人還是屬於感覺記憶強的類型，所以容易掌握。

學習讀心正是要把感覺記憶升級成感知記憶，也唯有如此，你才能真正的瞭解別人。

## 第三類　情緒記憶

情緒記憶是大腦發展情緒溝通與表達階段所發生的種種新鮮經驗，但是情緒記憶不一定是一個片段，也可能是一個時光，也不代表一定是好的，常常也是糟透的。它代表我們曾經遭遇過有感的事件，成為我們未來看事情和感覺事件、感覺方向的總稱與基石。

有的人因為情傷不能走出來，所以後來對於感情就會一直害怕；有的人則因為被朋友騙，所以都不能輕易相信別人，這都是

情緒記憶。

　　情緒記憶會成為很大的能量存於人類大腦裡，會讓人緬懷過去，回味無窮，久久不能忘懷過去時光。常見的人際表達問題或是人生困境問題，多是在這個地方種下很深的根；催眠也多是從這個區域進行清除，因為只要一個人有過多的負面情緒記憶，輕則會讓人身體微恙，重則會失志輕生。

　　情緒記憶是構成情緒系統最大的組成，在行為語言裡是表達溝通的部分，甚至走路和與人溝通的視線，都是反映一個人情緒系統裡的組成，也是信念和觀念的發源地，還可以窺見一個人家庭和學校的生活經歷。

## 第四類　程序記憶

　　程序記憶指的就是習慣，表示大腦的兩種現象。

　　第一是大腦在反覆的刺激和操作後，腦神經能形成一種直覺性的快速連結，降低思考所需的耗能與增加反應速度。第二是大腦在受到刺激後，能夠進行一連串的行為反應，不只是單一的動作，而是多單元組合，不但能同時還能連續。例如我們一邊開車又一邊化妝，便是受到習慣也就是程序記憶所影響。

　　程序記憶一開始都是情緒記憶和感知記憶的組成，但是一旦反覆經過幾次，就能在大腦形成強有力的迴路，以便日後自然反

應，這樣的行為往往都是從有意識慢慢變成無意識，在當事人身上周而復始的發生，所以讀心師只要注意到這樣的行為語言，就能知道當事人有這樣的迴路。

但是可能很多人不太能記得當初的情緒記憶或感知的模式如何慢慢組成，只是反覆的作用，慢慢進入到器官記憶，漸漸如溫水煮青蛙，就很難跳脫出這樣的模式了。

本書有個「自省日記」的練習，就是要你跳脫這個模式，因為它除了能幫你看到別人深層記憶，還能幫你脫離負面記憶，因為一旦壞習慣或壞感覺的程序記憶進入器官記憶，肯定要付出不小代價。

這類記憶的行為語言很類似感覺記憶，常是無意識的，但不同之處在於，程序記憶的行為語言是有次序、說得出原因，也容易進行修改。

## 第五類　器官記憶（累世記憶）

五歲以前，會構成意識比較無法注意的深層部分，這部分的記憶會寫在我們的神經裡，遍布在大腦的松果體、杏仁核、脊髓神經與器官裡，會變成我們的本能與潛意識運作習慣。

由於目前西方科學研究記憶還在大腦的部分居多，所以還不是很深入瞭解為什麼器官會有記憶，但是大家不妨搜尋一下器官

記憶的相關報導，就可發現連器官移植都有不少報導說明換上新器官後帶來前人的諸多習慣案例。

在超心理學研究中，甚至有很多案例能說明，人的一生發生的種種，都會寫進人體的諸多器官裡。所以，火葬場的服務人員可以透過人體的骨頭，知道當事者生前身體現象的種種經歷，好比植物學者可以透過年輪，瞭解樹一生發生的事一樣。催眠者也能透過深度催眠，知道人非常深層的記憶與身體的過去種種。

所以，神經與器官是有記憶的，甚至於這樣深層的記憶，才是我們認為影響人最巨大的，因為人往往很難意識到，所以受其牽制最大。因為所有的意識都有可能寫進深層器官記憶，如果當事者完全無法想起起始點，卻有根深蒂固的感覺和念頭，多是屬於器官記憶。

第五節

# 大腦的三大系統

## 不同系統的差異

念頭與想法虛幻飄忽，記憶也是無形又看不到，但它們皆存於大腦的三大系統，而三大系統的深淺不一，功能特性也不同。

在上一節認識記憶之後，讓我們更進一步認識記憶儲存的位置與意義，因為一旦發生的事與感覺存在不同位置，就會產生深淺不一的影響。

很多人都有公眾演說的恐懼，一般我們會認為原因在於不夠有自信，但其實這樣的問題歸屬在大腦的不同位置，會有不同的原因和狀況，就連解除的方法也會不同。

若一個人害怕公眾問題的產生來自於認知腦，情緒腦和神經腦並沒感受到，很可能經過一、兩次成功經驗後，他就會很有自信於公眾前演說。

但如果是來自情緒腦的恐懼，當事者就會有一種莫名擔心害

怕的心境盤旋腦海，表示他在表達上曾有過不愉快的經驗。

　　但若是發生在神經腦，則是有天生怯懦的問題，對於表現會有強烈排斥的反應，便更容易受到欺侮和負回饋，而造成情緒腦也有這樣的問題，要解決這樣的問題，就會變得困難很多，因為它可能不是表面上看到的這麼簡單。

## 從表象判斷的認知腦（認知系統）

　　認知腦在生物發展上是所謂的皮質腦，主要負責理性的思維運作及儲存認知記憶，發展的黃金時期是十六到三十五歲，在日常生活裡，負責知識上的學習、背誦、理解、文字、邏輯、運算，在社交溝通上負責禮儀、溝通、規範。人的這個面向最先被對方認識，也是為什麼人都會為了別人先裝扮自己，因為人往往會透過最表面的訊息猜測對方。

　　這部分的行為語言常常被一般的讀心術書籍所引用並非毫無意義，只是這部分的訊息有很多存在著假裝隱藏，所以我建議大家都先忽略，把它用在事後求證即可，因為以貌取人存在的問題和偏見實在過多。

　　認知腦在理性時作用很大，但是在與情緒腦、神經腦打架時，往往都是落敗。

　　這也是為什麼我們知道要好好念書，最後卻坐在沙發上看電視的原因。或者我們知道要節食，最後還是忍不住每天偷吃消夜。由於它只能做理性運作，但是感性的部分就不是它所能控制。

　　人的十六到三十五歲就是進行這部分的學習，增長大腦皮質層的發達程度，這時期的學習著重在與社會和世界的交流，累積與社會認識互動的能力，也是大腦發展學習的最後黃金期。

　　這個時期沒有學習的人，往後的學習和變化都會較吃力，因為不容易轉變，不僅僅是信念上，連行為都很容易定型。

　　因此，我們可以在一個人的人際互動裡看到一個人的修養，也能看到他過去發生的事，從而判斷未來的可能發展。

　　更進一步，我們還能從對方的認知行為與習慣，瞭解對方的價值觀、理財方式、社會目標等，例如就讀藝術學院、理學院，以及商學院的學生，行為模式就會有很大差異，請參照下圖：

不同認知系統的差異比較圖

| 環境<br>（認知學習） | 行為模式 | 語言模式 | 價值觀 | 社會目標<br>方向 |
|---|---|---|---|---|
| 藝術學院 | 氣質與自我，自信度極高 | 用字形容較多，強調感受 | 不看重錢 | 獨立和創作 |
| 理學院 | 忽略身體，注重大腦，動作謹慎 | 邏輯謹慎 | 注重理性和邏輯 | 研究和規矩 |
| 商學院 | 注重打扮和社交 | 數字敏感 | 對錢和價值清晰 | 賺錢 |

當然以上的比較並不是絕對的，因為這是認知腦的部分，還要深入到情緒腦和神經腦討論，但是光從一個人的社會溝通模式，就可以推知一些狀況。

## 擁有最強大力量的情緒腦（情緒系統）

情緒腦負責人的感性部分，在生物發展上是所謂的哺乳腦，儲存的是人的程序與情緒記憶，它的發展時期是五到二十歲為黃金期，在生活上無處不在。

情緒腦負責感覺、信念、相信、喜好、情感，在生活上，所見、所感無不與它有關，小到搭車喜歡站門口的習慣，大到你吃完東西一定要刷牙的習慣，甚至選擇居住的條件，都與它有莫大

關係，因為它同時也代表你的習慣、處理事情的方式和情緒運作與發洩方法。

　　情緒腦也可以簡單解釋成常說的EQ，我們的情緒大多由它掌握，也是唯一可以扭轉神經腦深度記憶影響的機會，是我們可主宰最強大力量的部分。

　　我們常常把這個腦稱為情緒系統，因為這個腦所構成的行為和事件往往都是一連串的連續組合，從你的感官到決斷，大多都是由這個系統的連續動作所完成。

　　這個情緒系統是可變的，很多人透過心理諮商或催眠處理心裡問題，便是處理這個部分的記憶。比起認知系統只要透過溝通觀念，情緒系統需要的元素就較多了，因為這部分的處理，必須打開對方的整個情緒系統進行修改。

　　以下我提供一個參考圖，如果你看到某個身邊的朋友深陷於某方面的心理問題，可以依此圖大概找到他記憶受傷的原點。

## 不同年齡層會接受到的刺激，以及該被健全的心理層面課題

| 心理層面課題 | 年齡層 | 刺激 |
|---|---|---|
| • 占有<br>• 愛的保護 | 幼年0-5歲 | • 感知<br>• 刺激<br>• 對待 |
| • 共同擁有<br>• 學習探索<br>• 愛的支持肯定<br>• 同儕相處 | 童年6-11歲 | • 主動感知探索<br>• 探斷結合<br>• 社會文化 |
| • 私領域開始<br>• 異性的探索<br>• 學習信心<br>• 愛的信任<br>• 同儕競爭 | 少年12-15歲 | • 流行文化<br>• 電視文化<br>• 網路文化 |
| • 私領域建立<br>• 異性的認識<br>• 學習興趣<br>• 愛的放心<br>• 自我實踐 | 青少年16-18歲 | • 群體文化<br>• 網路文化 |
| • 開放領域<br>• 異性的相處<br>• 學習專長<br>• 愛的存在<br>• 自我建立與群體成功 | 大學19-22歲 | • 久別文化<br>• 網路文化<br>• 專業產業文化 |
| • 戀愛經驗<br>• 職場文化<br>• 學習大吸收大改造<br>• 愛的回饋<br>• 自我與社會磨合 | 社會初23-26歲 | • 公司文化<br>• 產業文化<br>• 學習文化 |
| • 情人經驗<br>• 工作肯定 | 社會中27-29歲 | • 社會化<br>• 群體化 |
| | 社會後30-35歲 | • 固化<br>• 差異化 |

在行為語言上，情緒記憶的影響會特別顯露在聲音和上半身動作上，因為手部和聲音常常都是輔助溝通的。所以，跟別人聊天時，可以多注意對方的聲音和手部動作，當然其他地方的行為語言也能洩漏這樣的內心世界，但是，上半身的線索比例最多。

例如，一個人說話的聲音反映出他希望別人怎麼注意他，因此你不難發現，越是害羞內向的人，聲音越小，因為他的潛意識根本不希望被別人注意到。

反之，如果天生有領導力的人，則會有很爽朗清晰的說話聲音。再如一個人身體的領域性越大，反映他對自己越有信心，所以一個人只要過去都受到肯定，他會很願意走到別人旁邊，身體也能夠大方伸展，而受傷挫折的人則會躲在角落，或是瑟縮著身體，不敢進入別人領域。

因此和別人溝通互動時，從對方的身體和聲音就會透露出當事人過去記憶的很多線索，包括他怎麼看待自己和別人，讀心者可以從中找到更多當事人的行為模式與習慣。

## 神經腦（神經系統）

「神經腦」是大腦發展最原始的部分，在生物發展的大腦階段稱為爬蟲腦階段，儲存我們的感覺感知記憶、器官記憶，一生

最原始的編碼就是在這個地方。

在生活上，神經腦負責我們的天賦、直覺、習氣、行動與反應方式。發生的任何事件，都是由神經腦引領你去經歷和感覺。

例如有人小時候窮，但神經腦強，就會把這樣的情緒記憶當成奮鬥的基石，但是，如果神經腦是怯懦的，這樣的貧窮經驗可能就會讓這個人很沒安全感，以致變得害怕恐懼沒有自信。

所以事情本身並無好壞，只是你怎麼看待，而你如何看待就是神經腦的影響，但很多人無法輕易控制與意識到神經腦，所以在他們內心世界，會認為一切都是理所當然。

在讀心術裡有一個很重要的觀念，我們看到的是同一個世界，但是因為每個人的觀念不同，感受到的也不一樣。所以如果你真的想改變一個人，一定要站在對方的立場和記憶著想，不然你絕對不會知道對方怎麼想的，即便你以為你知道，但其實只是「你以為……」。因為如果你沒有用對方的神經腦思考，你絕對不會和他有同樣的感受。

在行為語言裡，觀察一個人的神經系統最不能參考語言文字，因為這個部分的表現過於薄弱。所以，我們要觀察一個人內心最原始的想法，必須注意他的下半身和微反應，也就是一個人在遇到刺激最立即的0.2秒之內。這部分也是測謊最常用的，常見於行為語言讀心術的最大宗。

例如，警探問話往往設定好問句，當他問話時，會緊盯對方瞬間的反應，因為殺人犯未必想承認，總是會有很多誤導的口供，但是警探的工作就是突破心防，所以就需要透過大量的問句和觀察突破犯人心理，但嫌疑人總是會用謊言遮蓋，所以立即閃過的微表情和動作就成為「露餡」的關鍵。

但是，其實三大系統是同時影響著我們，所以在一個刺激下產生的念頭，可能不只一個。

舉個例，我們在領了薪水的當天，下班後看到櫥窗裡面有一個新款的包包，樣式非常吸引人而駐足觀看。當下我們眼睛看到包包，會出現「多好看呀」的念頭，就是神經系統產生的作用，但是接下來我們可能想到「可能很貴，最近還有一筆保險費要繳」，這就是認知腦的作用。所以產生「還是不要看了，快走，免得花錢」的念頭，最後則由情緒腦做出決斷了。

所以，我們要知道一個人的想法常常不是單一出現，特別是經過選擇的，但是直覺性的就可以很單一，我們在觀察時一定要多加注意其中還是有差異。

**ERIK的讀心練習**

請找一個朋友一起練習客戶拜訪的模擬劇，然後把所聽到與感受到的資訊填入空格中，下圖為填寫的示範例子。

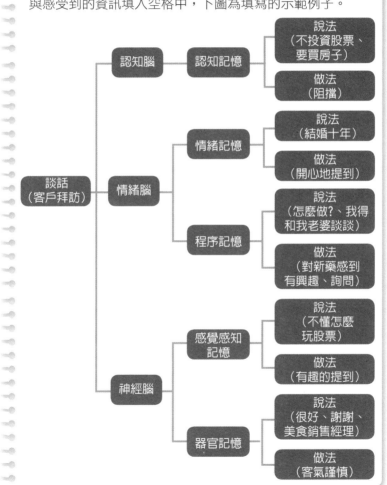

## 第六節
# 人格與習慣所形成的
# 行為模式

## 習慣是一種行為迴路

現在讓我們認識基礎理論最後一個部分 —— 習慣和人格。千萬記得，觀察任何人的行為語言，就是為了瞭解對方的內心世界，所以單一片段、片面的資訊意義實在不大，而是要認識他深層的記憶組成，記憶與腦的分析區域。

所以你必須學習歸類所有片段觀察，組成一個完整資訊。因為當行為語言展現在外時，其實都不是單一的，都是系統性和連續性的，這樣的模式稱為習慣。

我們在社會上常聽到一句話「好習慣成就一個人」，在我們的大腦裡，習慣就是刺激與神經腦、情緒腦的循環作業機制。為什麼撇除認知腦呢？因為當習慣養成，認知腦能介入的成分就會愈來愈低，而會變成直覺性的行為。

你可以用常見的電路板來理解，如果記憶就是硬碟記憶體，

習慣就是一個個迴路。因為習慣是情緒系統的程序性記憶，所以潛意識會把它變成最簡單、最低耗能的運作方式，讓我們可以一邊輕鬆直覺的運作它，又可以增加新的注意力，以便有新的學習或調整。

但是大多數人用習慣得到正回饋後，久了固化，又過了大腦發展的最後黃金期，就很容易發生學習遲緩吃力的現象，或是碰到環境變化，就會產生限制性信念，所以一遇到新知，就會有退縮放棄的心理。

## 習慣由三個因素組成

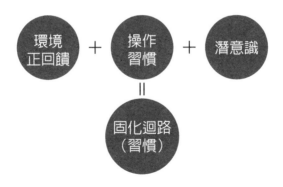

事實上，大腦細胞在人死亡前都會不斷增生，只會變得遲緩，並不會消失或老化，但是很多人不知道，認為自己老了，記性不好了，所以腦子不靈活，事實上，那大都是心理問題。

　　在行為語言上要怎麼認定當事者的行為是一種長久習慣，而不是一時呢？請看下圖：

　　例如有些優秀業務人員遇到拒絕時，不假思索的會認為被別人拒絕是很正常（神經系統），當作是一種處理拒絕的機會，然後輕鬆的（情緒系統）應對解決，最後得出「拒絕是成交的開始」的結論心得（認知系統）。

　　但是有些業務人員被拒絕時，馬上感到挫折（神經系統），然後去找朋友排解或躲回家裡找舒適圈（情緒系統），然後得出「拒絕是因為朋友真的不需要的，我不能勉強他，要有別的方式」結論（認知系統）。

　　所以業務人員每天出門找客戶，雖然結果不同，但其實都是在重複進行同樣的行為模式。

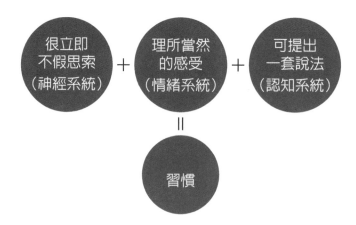

因此如果你在行為上能拼湊出一個習慣，就能推知這樣的習慣如果遇到環境刺激會產生什麼反應，而且短時間不易更改（除非這個習慣會讓當事人吃虧受挫）。

## 人格是習慣構成的有機迴路

當你有越來越多的習慣，將同類型相似的習慣加總在一起，再把刺激環境整合，就會變成你的人格模式，也就是一種複合有思想的行為模式。原本的習慣可能是無意識的，但當習慣變成人格時，無意識的習慣又會變成有意識能力，因為我們必須適應在一個環境裡的種種行為，以便調整自己與應對方式，也就是說，當我們形成一個人格面向，這個人格就會具有思考能力，從而對生活進行更細緻的支配和調度。

### 人格組成三元素

環境 ＋ 眾多習慣 ＋ 潛意識

＝

人格

　　舉個例子，仔細思考，你在家裡和公司不同環境時，是同樣狀態嗎？在面對情人和朋友是同樣狀態嗎？在面對長輩和下屬是同樣狀態嗎？事實上，當你在不同公司或者不同團體，面對不同朋友時，你都會轉變為不同的狀態和人格面向。

　　因此，我們都不是單一人格面向，但是很多人對於心理認識仍很淺薄，常常會困於人格切換的問題，對自己的行為和決策迷惑不解，其實這都是因為我們對於自己的心智運作知悉過淺卻又念頭叢生，一時不能辨別，甚至自相矛盾所致。

## ERIK的讀心練習

### 找出你的人格迴路

　　現在你要練習看看自己有哪些人格面向的狀態，以便熟悉這個原則。在寫這練習時，看清楚左邊的定義，然後靜下來細細回憶，把記憶的片段找回來並填進去即可，當全部完成，你就會發現自己的人格迴路是怎麼個來龍去脈了。

　　以下我以一個學員的部分內容為範例，你可以參考此例，在後面的空格處完成屬於你的人格面向。

## 人格分析認識範例

| 姓名 | Isidore | Skyler |
|---|---|---|
| 面向 | 本我 | 老師 |
| 性格屬性 | 好奇<br>新鮮刺激<br>樂觀<br>懶惰<br>可愛<br>任性 | 懷疑<br>肯定<br>冷靜<br>理性<br>邏輯 |
| 誘發動機與<br>常出現時機 | 1. 看妹時<br>2. 享受時<br>3. 放鬆時<br>4. 出去玩時 | 1. 肯定自己時<br>2. 勉勵自己時<br>3. 思考時 |
| 意念 | 想玩<br>想把妹 | |
| 外型特徵 | 興奮<br>愛搞笑<br>享受 | 動作緩慢<br>節奏緩慢<br>雙手擺在後面 |
| 出現本源 | 80年 | 100年7月7日 |
| 年紀 | 22 | 52 |
| 特殊習慣 | 愛開玩笑<br>愛逗弄別人<br>愛欺負別人<br>愛撒嬌 | 樂於思考<br>喜歡觀察別人<br>喜歡帶著別人一起成長 |
| 特殊能力 | 1. 幽默<br>2. 自在<br>3. 紓解壓力 | 1. 自我肯定<br>2. 布局<br>3. 理性 |
| 興趣 | 玩樂<br>打麻將<br>吃美食<br>看FB拍正妹照 | 1. 樂於思考<br>2. 帶別人成長 |
| 喜歡的資訊 | 娛樂節目＋美食節目<br>FB | 讀心術 |
| 優點 | 自在<br>紓解壓力 | 自我肯定<br>自我勉勵 |
| 缺點 | 貪玩<br>懶惰 | |
| 總評 | | |

| 姓名 | | |
|---|---|---|
| 面向 | | |
| 性格屬性 | | |
| 誘發動機與常出現時機 | | |
| 意念 | | |
| 外型特徵 | | |
| 出現本源 | | |
| 年紀 | | |
| 特殊習慣 | | |
| 特殊能力 | | |
| 興趣 | | |
| 喜歡的資訊 | | |
| 優點 | | |
| 缺點 | | |
| 總評 | | |

| 第二章 |

# 行為語言的觀察與使用絕竅

## 第一節

# 瞭解人的深層動念

## 要瞭解別人先瞭解自己

瞭解大腦、記憶與行為的關係後，現在讓我們透過一些簡單技巧，知道對方記憶內部的組成。首先我要跟大家分享一個故事：

在我大學時，曾有一堂課對我啟發很大，那時胡茵夢老師曾在某堂文學討論課上問大家問題。

「請問你為什麼要念戲劇？」胡老師坐在椅子上一派優雅的問一位同學，臉上的微笑和眼神帶著深切的關懷。

「因為我喜歡表演。」同學回答。

「那你喜歡表演的原因是什麼？」老師還是一如自信優雅的繼續問下去。

「因為……我就是喜歡表演的感覺。」同學思索了一下。大家也開始跟著低頭思索起來。

「喜歡表演的感覺原因是什麼？」胡老師還是繼續優雅的問。

「就是喜歡那種感覺呀！」那位同學口氣開始有點不是很好。

「你仔細想想『就是喜歡這種感覺』的背後原因是什麼？」老師交換了一下雙腿，身體往前傾斜關心，口氣仍是不為所動，繼續優雅問下去。

「……想被人看到……」同學支吾了好久才說出來，大家開始眉頭深鎖，因為大家都可以猜到老師一定會繼續問下去。

「那『想被人看到』的感覺，背後原因是什麼？」老師還是維持一貫優雅的態度。

「想被人看到還需要什麼理由嗎？」那位同學終於沉不住氣的說出來，然後坐了下去。

依照心理學大師榮格的說法，在深入認識自己之後，你就會透過自己的潛意識連結到別人潛意識，然後再從別人潛意識看出對手的念頭。

讀心者所接受的訓練，正是不斷問自己原因和瞭解自己的動機，我稱這個訓練為「自省日記」，因為要找到真正的「起火點」，必須把事情看透。這個訓練雖取自至聖先師的「三省吾身」而稱自省日記，但其實練習時要不止於三次，希望每個人都能常常處於這樣內觀的狀態，所以稱為「自省日記」。

榮格大師曾說過「向內看則醒著，向外看則睡著」，就是提

醒我們每個人應該隨時內觀自己的心念，因為心念將會造成你的種種處境。

例如我們都很可能會對小時候的霸凌事件感到恐懼，但是每個人會隨著神經腦和情緒腦而有不同表現，有的人可能變得喜歡武術和健身，有的卻喜歡躲在網路世界用遊戲找回勇敢，也有的人可能躲在武俠小說世界。

雖說行為有所不同，但是起始點都是同樣的感受（害怕）。因此只要能夠「將心比心」，那個潛藏在人類底層的答案就自然會冒出來，一旦找到「起始點」，反而更容易釋懷。

## 循著記憶進行自省練習

自省練習是讀心術最經典、最核心的訓練之一，除了養成隨時看到別人內心的習慣外，還可因為在數十個自省日記的內觀紀錄後，解除不少過去的負面感受和想法，得到一個很自在的心情狀態，這樣的狀態和經驗都會幫助你能更深入別人內心。

這個練習很簡單，只要一枝筆、一張紙，對自己的所欲所求找尋原因。不過這個練習雖然很簡單，你可能會中途想要放棄，因為你的內心世界可能不是你想得如此美好，甚至有很多是你不願面對，所以當你要掀開它時，會伴隨著很多負面情緒，但是千萬不要

中止，因為不管你清不清理它，它都存在，而且還會一直影響你，所以要好好靜下心繼續練習修復它！

自省日記就是要練習更往下探究，因為更深層原因才是改變人行為最關鍵的密碼所在，我們稱為「動因和潛動因」（下一節說明）。

執行自省日記時，常常會有多雜念和限制性信念，甚至出現反彈暴躁或不信任的感受，那都很正常，因為這是你的其他人格在做反彈（你可以想像成自己心中的小惡魔），潛意識想要操縱你，讓你趨樂避苦，而不是讓你知道為什麼，從而去改變。

**自省日記沒有任何形式，也無對錯，因為只有你知道真偽，有的人寫了一整張大紙，有的人寫了很多短箋，不管如何，只要不斷深入，繼續往下探究便可，直到找到最原始的原因和事件！**

自省日記是循序漸進的從不同階段探索自己

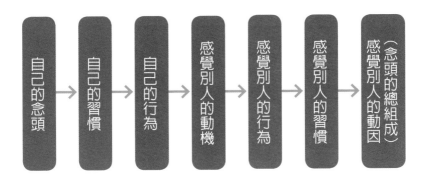

自己的念頭 → 自己的習慣 → 自己的行為 → 感覺別人的動機 → 感覺別人的行為 → 感覺別人的習慣 → 感覺別人的動因（念頭的總組成）

## 自省日記練習範例

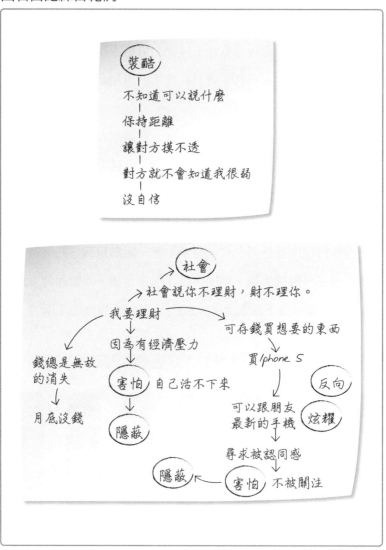

## 寫自省日記一定要有「善解」

大多數人寫了自省日記後，都會涕淚悲泣、浴火重生，但也有人會沒效果，根據我的觀察，差別在於一個很重要的狀況。

當你的自省日記寫得越深入，越會出現比較負面的字眼，但請一定要「善解」。

「善解」很簡單，從字面上來講，就是做「正面善意的解釋」，不然也要找人聊天討論，千萬不要不了了之，因為這樣的狀況輕則無事，重則會在知道原因後，反而認假為真，怪罪於當時的人或情況。

請千萬別把過去發生的種種不愉快看作負面，它們只是過去記憶，在現在已經不是真實的了。

例如把過去被騙的經驗，想成學到教訓，把失戀的痛楚想成愛情的一部分體驗，如此把全部事情都做正面去看，一定會為心靈帶來不可思議的自在愉快，因為它對你的意義，都是你賦予的，你可以自由決定記憶的樣子。

**ERIK的讀心練習**

### 循著階段觀察自己

　　從自己的「所欲所求」開始內省是個好開始，但你必須從自己開始，延伸到別人的內心，把這個習慣延伸出去。以下是參考：

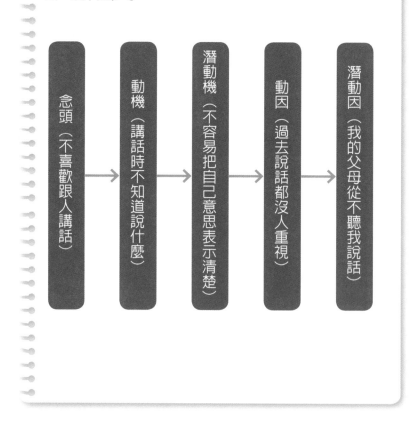

念頭（不喜歡跟人講話）→ 動機（講話時不知道說什麼）→ 潛動機（不容易把自己意思表示清楚）→ 動因（過去說話都沒人重視）→ 潛動因（我的父母從不聽我說話）

第二節

# 心念如何帶領命運

## 讀心最重要的是找動機

在讀心術裡有一個最重要的字眼叫做「動機」，也就是自省日記裡念頭後的第一層，真正最直接有力影響行為念頭的動力。

「動機和念頭」兩者伴隨而生、表裡相依，但是念頭為表，動機為裡，牽扯在一起，但兩者並不相同。因為一般人最多告訴你他的「念頭」，卻不會告訴你背後的「動機」，也就是說「動機」比「念頭」還影響行為，是推動念頭的幕後黑手。

動機和動因都在念頭之前

　　舉例來說，過年拿到紅包，你嘴巴上都會說不需要，但是眼睛和手的動作都會洩露出你想得到那個紅包的念頭，甚至一摸到紅包有點厚，說「不要」的聲音就比較小；或是你想約一個人看電影（念頭），但是有不確定別人願不願意跟自己去（動機），你的聲音就會變得很緊張甚至有抖音。

　　大多數人的潛意識都有感覺別人動機的能力，只是有精準上的差異。雖然不一定能準確地說出動機到底為何，但是善意與否，都可以清楚感覺到。

　　在讀心時，我們關注動機比關注念頭更多，因為只要找到動機，就能更精準地安排妥當。例如你知道對方出來跟你約會，其實對方是想多觀察你，你就可以安排適合說話的地方或文藝場所。但如果你知道對方其實只是想出來散散心，排遣剛失戀的心情，就不該安排浪漫的地方，免得對方觸景傷情。

　　那要怎麼知道別人的動機呢？我借用三國歷史劇裡的一段說明：曹操最愛的兒子曹沖被毒鼠咬到中毒，幾近死亡，曹操慌忙趕到曹沖的床前看望，正苦思懊惱到底是誰陷害了曹沖，魏國第一謀臣荀彧有了這樣的應答，「要問事情到底是誰做的，就要看整件事對誰有利。」

　　這話便一下點出了「動機」之所在，要有動機才會有念頭的產生。動機常常可以用「當事人說的話」來推估，到底這些話對

什麼有利，這便是「動機」了。

要知道動機不難，但是若能掌握一個人的動機，就不容易判斷錯誤，也能做出比較好的反應，甚至能料敵機先、出奇制勝。

好比有個人在公司出現財務危機時，告訴大家應該趕快找份新工作，學過讀心術的人，就會去觀察這個人是否有積極在找工作，還是只是說說。因為當大家離職，公司財務又回穩，那不就是他升遷的好機會？所以大家不妨回憶，常常說公司壞話的人，有時候是否會和上面攀關係？

大家千萬不要懊惱為什麼學讀心術要這麼心機重，事實上，讀心術本身就是古代權術策略之士所必備，不管是宮廷、戰場還是商場，都是生存必備，所有勝敗也都是在策略上論高下。


## 潛動機、動因與潛動因

接下來我們要認識更深的「潛動機」、「動因」與「潛動因」，這些名詞都是在情緒記憶和器官記憶上界定出來，說明動機背後往往還有其他動機因子，而這些深層記憶才是根深於當事者腦中，如果要深入瞭解對方，就要知道這方面的記憶組成。

例如一般很多新進人員面試時都表現得非常好，但是往往都待不久就離職，特別是業務人員，那是因為業務人員雖然都表現

出一幅對未來充滿美好憧憬的想像，但其實在推銷產品時，內心
都可能如下圖般的煎熬。

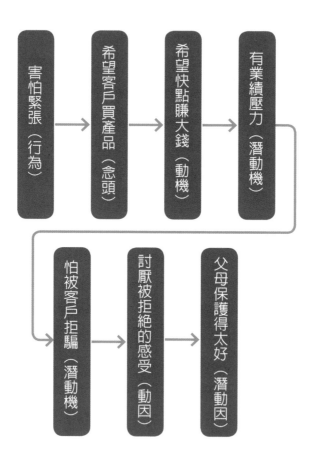

所以如果真的如上面的範例，這個銷售人員每次微笑面對拒絕時，內心的能量就會消耗得很快。因為表面上看來愉快輕鬆的銷售行為，其中的「動機」卻只是希望快點賺到錢，或是一直在想業績壓力，那他見異思遷見風轉舵的可能性就會提高，受挫力自然就會降低。

　　再深入到潛動機，如果想的都是不要被拒絕，討厭那樣感受，心裡就會很想避開這樣感受，而用偽裝的假情緒面對別人，一遇到拒絕就會如洩氣的氣球，否則就馬上掛客戶電話或臭臉。

　　再更深入到動因，你也可能發現對方一直以來都是在被保護中成長，根本沒有受挫的經驗，周邊人都可以包容他我行我素的行為，一旦突然面對這些銷售壓力，怎麼可能不會有很大的挫敗感？

　　不過為什麼會造成這樣的生長背景和環境呢，就要歸結到「潛動因」，或許是因為父母極盡保護之能事，所以當他們一進入社會，根本不知道自己能做什麼，而這也是現在社會很多啃老族的原因了。

## 深層的心念會帶你到哪裡

　　針對案例瞭解動因時，蒐集資料的時間可能要比較久，也許要透過旁敲側擊，也許必須要多觀察打聽，但是如果你不急於改

變對方，只是要知道眼前的這個人到底能不能相信？會不會有問題？我們可以用一個簡單的方式就能預測未來。

　　讓我們來做一個簡單的推演練習，一樣是按照自省日記的邏輯做常理推判。

　　首先回答一個簡單的問題：如果一個人很渴望別人喜歡他，他會做什麼？那他通常會發生什麼事呢？把這個答案寫在最後。

渴望別人喜歡他

　　在我的演講裡，一半的人會說中間答案是「這個人會積極主動的付出行動」，但有一半的人會說「討好別人」，我又問那最後的答案呢？很多人便噤聲，因為他們的潛意識可能知道答案。

　　也許有的人還是會說，這樣的人會得到別人喜歡，但是當我問，「請客觀的回想，過去在班上或群體裡這樣的人，最後都是得到怎樣待遇？」開始有不少人都會不一而同的說「被利用、被排擠」，沒錯，正是這樣！

　　我想請問你，為什麼渴望人家喜歡他，最後付出一堆，還是被排擠利用呢？

因為大多數人只意識到自己的念頭（渴望人家喜歡他），卻不肯面對自己的動機、潛動機、動因等元素，也就是不肯承認在渴望別人喜歡他的背後，其實是大家根本不喜歡他，而導致大家不喜歡他的真正原因沒有解決，所以他做再多也沒用。

　　好比一個人口臭嚴重，大家因而排斥他，但這個人不除口臭，反而在自己身上噴香水，或者學些花拳繡腿凸顯自己，有意義嗎？問題會得到真正解決嗎？

　　因此要預測一個人的未來極其容易，只要知道一切要從動機以下的記憶出發，而不是從念頭和表述出發即可（基本上念頭和表述是被讀心術先忽略的，因為我們與世界的互動大多是從動機發生）。

行為背後的內心世界

從小被父母要求並責罵
（潛動因）

受到同儕排擠欺負
（動因）

以前大家都不喜歡我
（潛動機）

我怕大家會不接受我的邀請
（我怕大家會覺得我不好）

恐懼擔心
（情緒）

希望大家幫忙
（做法說明）

大都的人懶得理他
（外在境遇）

第三節

# 讓情緒模組化
# 成為最基礎的判斷依據

## 讀心的重要基石

為什麼有的人能知道含意、注意到細節，有的人卻不能呢？關鍵就在於真正判斷的不是眼睛，而是你的腦和注意力，這才是心的真正作用。

所以，要練好讀心，便要加強自己的判讀經驗和專注力。讀心術有一個專有名詞叫「資料庫」，所以在觀察前必須建立這樣的資料庫，不然光看也是枉然。

先分享一個有趣資料庫經驗供大家參考：我在高三那年，每個人都整天埋首在書海準備考試，自有記憶以來，我就是個愛玩、愛說話的人，但是因為高一、高二玩過頭，導致成績落後，我不得不決定全心埋首在課業做最後衝刺準備。

當時我想如果可以避免任何交際，就能省下不少時間，所以我毅然決定玩一個「不語」的遊戲，認真準備念書。

　　前兩個月，我只給自己每天十句話的空間，至少還會跟父母說聲早安和跟同學借個過。一開始很不習慣，因爲自己一下從學校風雲人物變成離群索居的怪人，心中不免有些孤單。

　　但是兩個月後，我突然發現不再說話的我，不再覺得十句話不夠，甚至每天連三句都不想說，並且開始注意到周遭的人說話其實都有一些規則和固定動機，有時候聽第一句，就能知道後面要發生什麼。

　　當時我還沒注意到爲什麼會這樣，但卻養成我聽人說話，就會聽他的動機和成因的習慣，我深知每句話都有背後含意。之後我才知道，其實那個時候靜靜的觀察和感受，便是在累積大腦的情緒判讀資料庫。

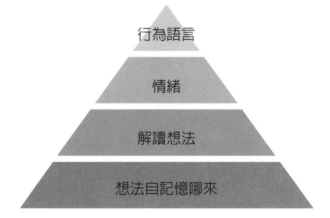

讀心師能藉由表象看進內心

行爲語言

情緒

解讀想法

想法自記憶哪來

透過觀察建立潛意識裡的資料庫，說起來好像不難，但是為什麼自己每天都在看人，卻看不出別人內心想法呢？

　　那是因為大多數人只深入到行為語言和情緒表情，如此最多推出對方的念頭想法，但對於想法從哪來就不甚清楚，這便會使很多人只是看，卻看不出所以然。

　　因為只要不往更深層的記憶推想，就無法透過其他動作驗證心中答案，包括念頭和行為到底有什麼關係？念頭和記憶有什麼關係？

　　一旦沒定義清楚這些，觀察者自然無法與經驗連結，只能在認知記憶裡思考，無法累積深層記憶裡的觀察經驗──因為表情永遠是表情，但是念頭卻會不斷改變。因此我非常強調瞭解內心記憶世界的重要性，因為只要知道內心世界，會跑出怎樣念頭便都可以預知。

## 練習行為語言最好從情緒開始

　　我必須告訴大家，如果要知道別人在想什麼，千萬不可以從行為動作開始，而是該從情緒入門，用情緒和語言交叉比對，先到動機，再深入到記憶裡。這是比較簡單快速的方法，因為行為語言是想法的枝微末節，情緒才是比較大的分子，比較容易被發現和理解。

舉例來說，如果你發現自己喜歡一個人，心裡的想法讓你變得有些害羞，所以便可能產生各種行為動作。

一種情緒可表現出數十種行為語言

| 手 | 臉 | 身體 | 腳 |
|---|---|---|---|
| • 微微顫抖<br>• 無法自然伸展 | • 瞳孔反應<br>• 呼吸短暫微弱 | • 瑟縮<br>• 身體不敢面向對方 | • 抖動<br>• 向著其他地方 |

從上圖說明不難理解，一個情緒狀況可以產生很多行為表現，每一個動作都能說明你的內心狀況，更何況同時產生好幾個。

這也是為什麼行為語言不能獨立當作解答，那是因為如果單獨解讀腳的「抖動」，也可以是「吊兒郎當」或「愉快」的情緒。

事實上，人在很多情況下都會產生抖動的動作，而同樣的動作再加上不同的動作，也會有不同解釋，所以若針對一個行為語言就斷定其代表意義非常危險（參照下圖）。所以要建立潛意識

的判讀資料庫，我建議可從情緒開始，而不是動作。

## 清楚定義情緒幫助潛意識建立資料庫

建立情緒資料庫對觀察行為語言非常重要。但是不用急著建立，因為在你的器官記憶裡存有或多或少、原本的情緒辨識天賦，天生情緒資料豐富的人，本身就是個極有天賦學習讀心術的人，但資料少也別擔心，因為如果把日常中接觸到的情緒狀態變成程序記憶，也會成為自己的潛意識資料庫。以下讓我介紹大家一個簡單建立情緒資料庫的方法。

請於晚上放鬆心情和身體，找一個安靜的地方，拿著空白筆記本，開一盞小燈，進行初期的情緒資料庫建立步驟。

1. 用一小時，回想列出所有你認識的情緒名詞。

2. 把這些情緒用紙筆簡單的畫出來。

3. 試著用臉擺看看，確定是真實的表現方式，而不是漫畫表現。

4. 搭配情緒模組，把你知道的其他肢體行為語言也寫進去，如以下範例。

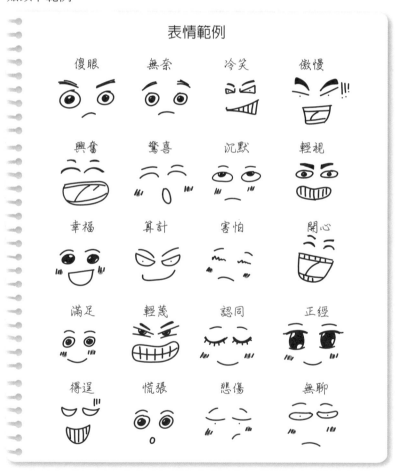

表情範例

| 傻眼 | 無奈 | 冷笑 | 傲慢 |
| 興奮 | 驚喜 | 沉默 | 輕視 |
| 幸福 | 算計 | 害怕 | 開心 |
| 滿足 | 輕蔑 | 認同 | 正經 |
| 得逞 | 慌張 | 悲傷 | 無聊 |

畫臉部線條時請注意，不要過度關注對錯，對錯的觀念本身就是一個限制性的念頭，是綁住潛意識能力的圈圈，只要把它畫出來，然後和自己的臉部做比對修正就可以。

　　進一步補充其他行為語言時，關鍵不是寫得對不對、跟其他的差異有無出現，而是有想到多少行為語言都要將它變成畫面，那才會重新暗示你的大腦。

　　行為語言本來就是複合的，所以會有類似的地方，也會有差異的地方，例如吃到難吃的東西會痛苦，失戀也會痛苦，被責罵也會痛苦，有些地方本來就會相似，細節上雖然會有差異，但初期練習時，只要先緊抓大情緒就可以。

### 第四節

# 蒐集資訊的記憶練習

　　很多人學習讀心術都有急功心切的心理，希望很快便能運用雙眼看出人心，但其實在讀心者的學習進程裡，「目視」是整合資訊前最後一道步驟。

　　讀心者要練習的觀察，是在無形中把觀察的時間拉長數十倍。但是一個人從旁走過去，可能才十秒鐘，怎麼可能變成有十分鐘呢？如果一直維持在「感受狀態」的狀況當然不能，但若是處於「覺知狀態」的狀況就可以了。這節就是要教你如何將自己提升到「覺知狀態」。

### 觀察周遭時的不同狀態

感受狀態 → 認知狀態 → 感知狀態 → 覺知狀態

首先，請回憶我們對觀察前的練習有哪些？也許你可能忘了，但現在請你務必熟記，眞正觀察的三個關鍵練習是「情緒定義」、「靜心」和「回憶」，結合這三個練習才是一個讀心者完整的觀察模式。

### 觀察的三個關鍵練習

　　「情緒定義」可幫你強化動作的意義，把感受狀態拉到感知狀態，因為只有在大腦認為眼前的行為語言有意義的情況下，它才會被記憶到潛意識區，不然便會被放在意識區並很快被忽略，時間久了就在大腦裡被刪除。

　　「靜心」則是拉到覺知狀態，讓你的心中沒有充滿念頭，因為太多的雜念會用光你的記憶體、分散你的注意力，所以靜心是把更多的記憶體空間騰出來給大腦使用，以便觀察時能裝進更多資料，供潛意識調閱資料。

　　「回憶」則是最後一個動作，因為只要有靜心的動作，潛意識會抽離出來，變成一雙客觀的眼睛，然後運用最佳的大腦內

建提取資料方式，把潛意識裡的資料調出來，供你無限次回憶觀察。這就是為什麼我們可以把觀察時間拉到數十倍的原因。（但請注意，如果你有主見或成見裝在這個記憶體裡，甚至沒有客觀的定義過，那資料很可能會有所扭曲，這也是為什麼人會有以訛傳訛的習慣，因為我們的潛意識總是用自己想記憶的方式記，也用自己的想像表述說明。）

## 如何調閱潛意識

要調閱潛意識有四個前提，一定要確實做到，不然大腦很快就會當機，停止搜索。

第一、放鬆、放空。

第二、下指令。

第三、不能有限制性念頭與焦慮。

第四、不要過度的投入某個片段不能自拔。

只要能夠做到以上四點，潛意識就可以無限跑動，穿梭時光、回到過去的記憶。

放鬆、放空的狀態一如靜心靜坐練習，請自然放鬆、專注在呼吸與和肌肉的放鬆，不要一直下放鬆的指令，不然就會跟失眠一樣，越要睡反而越清醒，因為每一個念頭都有反作用力，在我

們想要成功時，就更擔心失敗，想要快樂時，就表示潛意識現在不是快樂的。

下指令不是逼迫的，只要下一個指令往一個方向想就好，千萬不要努力想或是不斷下指令，否則很快就會變得焦慮。

至於不能有限制性信念，是因為很多人都會害怕錯誤失敗，這本身就是限制潛意識的大毒藥，如果要讓潛意識展開能力，就要讓它自然發展。這就好像父母引領孩子時，要讓他們能夠順性發展，不能以教條式的方法教育他們。

因為孩子在四歲以前，對一切未知都會感到好奇並勇於探索，而且探索學習越多，大腦就越發達（透過刺激發展神經連結），千萬不要在這個時候對他們教育過深的是非、邏輯觀念。

因為在這個時期，他們的大腦裡根本還沒有發展完整的邏輯觀念，只是在學習刺激與反應的關係，所以他們只知道什麼事情「會被懲罰」和哪些事情「不會被懲罰」。因此你可以把潛意識當成孩子一樣，讓它盡量去創造，你要做的只是在一旁看著潛意識可以帶來什麼創造性。

感性的人容易根據感覺記憶，但很快就會被產生的念頭帶走而失焦。所以，不要過度投入某個片段不能自拔，因為在記憶回想裡，很忌諱執著於自己的感受。如此一來，你就會掉回「感覺狀態」，若只在乎自己的感覺，又怎麼客觀地裝進別人的想法呢？

# 如何把記憶找回來

要把大腦裡的記憶資料取出，就如同調閱電腦裡的資料，要從大文件夾一路開啓小文件夾，差別只是因為潛意識很感性且衝動，所以要依前面四個前提進行，之後就如同在電腦裡找資料一樣。

以下可分七個步驟找回回憶。

第一步、從有印象的情節開始。

第二步、建立情節結構。

第三步、回憶場景與事件。

第四步、回憶語言。

第五步、回憶動作。

第六步、找到對方動機。

第七步、找到動因。

以下練習，請先找經典電影《深夜加油站遇見蘇格拉底》為練習藍本，並把它看完。

## 第一步、從有印象的情節開始

通常我在課程裡播完整部電影，問過大家好不好看後，接著便會請大家回憶整部電影的情節並寫出來。大家的表情會一下子從興奮變得茫然。

為什麼呢？因為大部分人看電影從不會想過還要寫出情節。所以當我突然請學員回憶並寫下來，他們就會愣在當場，然後腦中冒出「怎麼可能」的念頭，所以大部分的人就會因潛意識產生抗拒的念頭而遲遲不能動筆。

其實我正是要他們體驗，剛剛正是他們潛意識裡的**習慣、限制性念頭和抗性，把潛意識裡各種可能的天賦扼殺了**。事實上，要把電影情節寫出來非但不是不可能，而且很容易。

因為我只要把問題改成「好的，現在電影結束了，請你們每個人說一個自己最有感觸印象的段落，最後三個人要請大家吃飯」，大家腦子裡肯定馬上就會出現令自己印象深刻的畫面。

要知道，只要對潛意識下對指令，它就會跑出來，但下錯指令，它就會當場當機，因此你必須知道如何下指令。這第一步看似簡單，卻也最容易當機結束，所以非常重要，關鍵就是要從「比較有印象和有感覺」開始。

好比我問你，「你家附近有什麼餐廳？」你的腦子很可能就會當機，但是如果改成「請問你家附近有什麼餐廳，是你覺得比較好吃的？」你就會從味覺感知記憶提取出幾家喜歡吃的餐廳。

所以你終於知道為什麼我們老是到了吃飯時間問「要吃什麼？」卻遲遲都不會有人說出答案了吧！但如果你改成「這附近到了中午，最多人排隊的是哪家？」一定會有人回應你他所看到的。

現在請練習回憶「你十八歲那年的十月九號」，請問你要怎麼下指令讓大腦回想呢？

如果你瞭解剛才的說明，就會知道先自問，「十八歲對我而言是什麼意義呢？」就不難想起那是你剛入大學的時候，算算十月十號是國慶，所以是大一剛開學的第一個放假前，腦子就可能想起開學和室友第一次碰面和第一個月相處等記憶。

回到原本《深夜加油站遇見蘇格拉底》的電影練習，你還記得些畫面情節比較有印象的？

## 電影情節的範例

在比賽時跌斷腿 → 深夜驚醒 → 在加油站遇到奇人 → 運動場練習 → 再回加油站找答案 →

酒吧吵架 → 再到加油站跌下桌 → 加油站被打 → 跌落橋下 → 鞍馬上完美演出

以上礙於篇幅，我用電影的前面三分之一舉例。也許你都回想到了，所以你可以慢慢進入第二步驟的次序。

## 第二步、建立章節結構

當你慢慢在腦海回想有印象的情節，我想你就可以排出前後次序了。隨著次序的排列，你的腦海會自動浮現出更多訊息，場景與事件就會更清晰，一些關鍵的台詞和表情也會出現在腦海。

**把記憶找回最困難的就是前兩步，熟悉的事物在這兩步之後，都會自動出現在腦海，一直到第五步驟。第六、第七步驟，是根據自省日記的練習以及行為語言所推知。**

**下一節，我們將會有更進一步練習，在這一節你只要習慣前面五步驟，把腦海裡的影像訊息調動出來即可。** 以下是我取其中一段為範例練習，你也可以試試看。

從《深夜加油站遇見蘇格拉底》的電影情節找回記憶練習

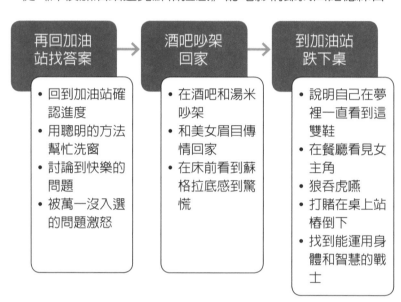

經過這個練習之後，請你再挑選另一部完整的電影練習，強化這個新的好習慣。經過這些練習，我想你的大腦應該宛如跑了五千公尺般疲勞，這就是在訓練大腦，給大腦做肌力訓練。

這樣的練習不僅可以幫你在大腦裡找回許多失落的記憶，很多你原本以為忘記的記憶都會重新浮現，還能強化記憶力與潛意識運作速度，讓你未來在任何需要大腦的時候，都有比別人更高的效益。

**第五節**

# 看出他人念頭的觀察練習

## 觀察訓練的發展次序

多數人剛切入讀心術，就是想從外在觀察發現別人的想法，但想法藏在腦子裡，要如何從外面觀察呢？

你知道當眼睛四處張望，大腦正如何運作嗎？當你想知道別人想法和背景時，大腦又要如何才能幫上忙？這一節就是要教你，如何整合前面所有練習，讓大腦能夠很快地辨析別人心中想法，真正透過對方的行為語言，迅速瞭解他內心的想法。

以下就讓我分六個練習階段，協助你逐步整合練習「真正的深入觀察」。

## 觀察六階段

**1** 觀察情緒

**2** 觀察微表情與情緒

**3** 回憶、動機與驗證

**4** 觀察行為與互動

**5** 觀察表徵與習慣

**6** 從動機到動因

有效的觀察能發展感知能力並拓展大腦智能，而不是單單的用「感受」浪費時間生命。要發展感知能力，務必從基礎開始，先穩紮穩打，多看、多驗證，不厭其煩，直到駕輕就熟，就可以更深入的往下練習。

以下六個階段的練習各有不同的意境，你可以找《失戀33天》這部電影中的某一個橋段，例如電影一開始，女主角與前男友分手電話的那段來練習（請掃描《失戀33天》電話片段 QR Code）。

《失戀33天》電話片段
QR Code

練習時不用換片段，但雖然是同樣片段，等經由六個練習後，你就會發現每次可以讀出的感受一次比一次多。

學習讀心術不是一次用大量的資訊練習，而是每天仔細練習一個片段，只要累積到一定的時間（一般人約兩個月到三個月），就

會突然開竅，潛能被打開。

## 牢記四大假設前提

在接下來的六段練習中，有四個大原則不能偏離，只要違背了，腦子就會停止聯想和感受，感知就會關閉，所以請牢記以下四點。

第一、在潛意識跑動時，**請不要有對錯的限制性信念出現，尊重潛意識**，因為它會出現肯定有原因，不必懷疑它，因為只要一有限制性信念，腦子就會停止運轉。

第二、**能夠自在的不抱任何成見和情緒，挖掘感受自己內心的聲音**，因為當你有成見，就無法站在別人角度看事情。

第三、**利用前面的靜心內觀練習經驗，不急不緩的觀察內心的變化和體會，忠實記錄下來。**讀心術是要運用潛意識，而不是用大腦拚命想，如同前面所說，潛意識比思維運作的速度快十倍以上，你只要負責記下來它告訴你的。

第四、**明確的浮出影像、感覺和經驗，而不是光用文字定義，讓影像和聲音幫自己回顧和調閱潛意識。**讀萬卷書絕對不如行萬里路，與其告訴別人松露有多美味，還不如要他親自嘗一口的印象深刻，不要用大腦推想別人的感受，而是要設身處地模仿

體驗。

依此四個大前提，我們才能進行有效的觀察練習。

請準備好《失戀33天》電影裡，在開頭女主角和男友分手的這個段落，然後一邊跟著我的說明進行。

---

### ❶ 觀察情緒

1. 把主刺激和對方基準線與複數資料先定下來。

2. 輪流關掉聲音（遮掉字幕）和影像，確認自己對哪類行為語言較敏感。

3. 把大情緒的變化和波折記下來。

4. 從聲音和影像兩方面，看自己各能讀出多少種情緒，是不是對的（多不一定好，明確更重要）。

5. 理論上著重聲音更容易些，但若你是觀察動作行為較為敏銳，可改成用視覺為主。

6. 請注意，不要去驗證自己發現的情緒片段是否正確，只需要知道自己注意到哪些。

---

以上練習是先找到自己的感覺神經比較擅長的部分，是視覺還是聽覺？並透過關掉某一資訊，而強化某一部分的神經，好比視障的人有比一般人敏銳的聽覺和觸覺，聽障有比一般人更好的視覺和比手劃腳的溝通能力。

用大腦科學來說，當你被關掉某部分的大腦神經，就會有另一

部分進行功能的補足。所以常常練習關掉其中一個資訊的INPUT，就會加強另一個系統的INPUT，漸漸就會強化感知能力。

從這個練習，你可能會得到類似以下的結果：

男：年約26歲，個性較穩，愛護女主角。

女：年約25歲，上班族，廣告業，個性倔強，死愛面子。

| 影片時間段 | 刺激 | 大概內容 | 反應 |
| --- | --- | --- | --- |
| 12:00~12:04 | 男→女，來電答鈴 | 鈴聲 | 女倉促出外到陽台 |
| 12:06~12:10 | 男→女，男問候女 | 唉，上班呢～ | 女冷漠應對 |
| 12:32~12:40 | 女→男，問話 | 什麼時候開始的？ | 坦白應對 |
| 12:41~12:57 | 女→男，發飆 | 當成你們地下戀忠實觀眾…… | 無奈 |
| 12:55~13:06 | 男→女，表達 | 先別這麼刻薄 | 頂嘴 |
| 13:20~13:44 | 男→女，表達 | 我不是為了求你原諒，才打電話 | 驚了一下沉默 |
| 13:47~14:13 | 男→女，表達 | 忘了我吧 | 反將回嘴 |

> **❷ 觀察微表情與情緒**
>
> 1. 一開始先觀察小情緒（0.2秒），看有沒有微小不明的情緒（潛意識的漏網之魚）。
> 2. 從對話中找出關鍵字詞，注意關鍵字詞的個別情緒。
> 3. 找出這些情緒漏洞並建立相關行為語言線索，並做成情緒資料庫，強化觀察情緒的密度。
> 4. 請多內觀自己還不知道的情緒資料庫，慢慢建立更完整的資料。

在我們的腦子裡，有一種腦子放空的反應，叫做空洞反應，空洞反應是說明大腦的資訊流中，若大腦不知道的訊息單元數量超過一定限度，就會造成大腦當機放空，好比電腦當機一樣。

它會經歷過五個階段：

1.　能夠處理的**清晰階段**。

2.　開始有些不明白的**補足階段**（腦子開始會避免燒焦當機，而提供部分的虛擬資訊，當然裡面有些不是真的）。

3.　超過負載開始變成**恍神階段**（開始由感受接收大腦）。

4.　開始停止運作的**關機階段**。

5.　避免再受傷的**逃避階段**。

從這裡我們不難知道，為什麼遇到不喜歡的學習科目會很想睡覺？！為什麼一篇英文文章有超過二十個單詞不認識，就會不清

文意。

　　讀心術和這個原理完全相同，只要大腦來不及處理資訊，就會產生部分當機，因此當大腦進入「補足階段」以下的層次，基本上都算不上讀心術，所以第二階段的練習，就是在補齊這些潛意識的盲點。

| 影片時間段 | 刺激 | 大概內容 | 反應 |
|---|---|---|---|
| 12:00~12:04 | 男→女，來電答鈴 | 鈴聲 | 女驚慌<br>倉促跑到無人陽台 |
| 12:06~12:10 | 男→女，男問候女 | 唉，上班呢～ | 女強作鎮定<br>男哀莫<br>女冷漠快速應對 |
| 12:08~12:31 | 女→男，命令語氣 | 我們把這句話省了吧<br><br>女：陸然，你追我的時候…… | 男無奈肯定<br>男猶豫顧忌<br>女回憶過去<br>記憶很清晰的樣子 |
| 12:32~12:40 | 女→男，問話 | 什麼時候開始的？ | 男坦白應對<br>女驚訝生氣 |
| 12:41~12:57 | 女→男，發飆 | 當成你們地下戀的忠實觀眾……<br>男：小仙兒 | 男無奈受不了<br>語調低於陸然這個名詞 |

（續下頁）

| | | | |
|---|---|---|---|
| 12:55~13:06 | 男→女，表達 | 我最怕你這樣……<br>先別這麼刻薄 | 女冷笑頂嘴回憶 |
| | | 刻薄 | 加重音凸顯 |
| | 女→男，提醒 | 當時你追我的時候…… | 頂嘴回應 |
| 13:08~ | 男→女，無奈 | 但是我現在累了……<br>女：就缺這一種基因 | 快速頂嘴<br>熟悉強調自我 |
| 13:20~13:44 | 男→女，表達 | 我不是為了求你原諒，才打電話 | 男語氣加重，女驚了沉默<br>身體振動，能量下降 |
| 13:32~13:46 | 男→女，表達 | 你可以罵我…… | 女哭了 |
| 13:47~14:13 | 男→女，表達 | 忘了我吧<br>我做不到……<br>因為我根本就不記得你 | 男說再見，女低迷情緒高漲<br>深沉情緒<br>反將回嘴 |

---

**❸ 回憶、動機和驗證**

1. 先進行回憶練習，把所有台詞從腦海中找回來。

2. 依其情緒和語言進行動機假設。

3. 再用其他行為語言驗證，讓假設找到足夠線索，以證明你的假設。

4. 一旦習慣開始就看動機，在現實生活中的應用率就會高很多。

為了確定真的都捕捉到這些情緒，加上台詞的輔助，一定可以很清楚的回憶起整個段落裡的話，再進一步利用三元素的練習，瞭解對方話語裡的真實意義。

　　當然如果你還不熟動機，經驗還不夠，可能會想到很多可能，這很正常，這時請利用過去科學實驗裡的「假設」概念。

　　可以先把想得到的所有可能列出，然後用前後的行為語言刪除比較不可能的假設，也可以不斷繼續看下去，確認猜的是否正確，其實這是過去我們學習科學上一個很棒的思考方式，也是非常符合大腦的基準線刪除法概念。

　　這也是我在工作坊學習裡最常討論的地方，我會要求提出看法的人，同時提出行為上的證據，讓無形的想法能有更多的證據幫助支持。

　　這個練習只要做久，或者常常靜心的聽別人說話，在旁邊靜靜猜，沒多久你會改變自己聽話的習慣，更能準確的知道別人真正要表達的意義。

| 影片<br>時間段 | 刺激 | 大概內容 | 反應 | 念頭（內心話） |
|---|---|---|---|---|
| 12:00~<br>12:04 | 男→女，<br>來電答鈴 | 鈴聲 | 女驚慌<br><br>倉促跑到無人<br>陽台 | 等待已久<br><br>怕人知道 |
| 12:06~<br>12:10 | 男→女，<br>男問候女 | 唉，上班呢~ | 女強作鎮定<br><br>男哀莫<br><br>女尖酸冷漠快<br>速應對 | 愛面子<br><br>還是那個倔強的老樣<br>子……<br>為了避免客套，早點<br>進入重點 |
| 12:08~<br>12:31 | 女→男，<br>命令語氣 | 我們把這句話<br>省了吧<br><br>女：陸然，<br>你追我的時<br>候…… | 男無奈肯定<br><br>男猶豫顧忌<br><br>女回憶過去<br><br>記憶很清晰的<br>樣子 | 好吧，還是依你吧<br><br>擔心女主角的情緒和<br>想法<br>你以前就是那樣追我<br>的，沒自信……<br>認定就是如此 |
| 12:32~<br>12:40 | 女→男，<br>問話 | 什麼時候開始<br>的？ | 男坦白應對<br><br>女驚訝生氣 | 反正你都知道了，乾<br>脆說實話<br>居然這麼久了?! |
| 12:41~<br>12:57 | 女→男，<br>發飆 | 當成你們地<br>下戀忠實觀<br>眾……<br>男：小仙兒 | 男無奈受不了<br><br><br>語調低於陸然<br>這個名詞 | 不要再說了<br><br><br>我一直以你為主，不<br>要老是欺負我 |

（續下頁）

| | | | | |
|---|---|---|---|---|
| 12:55～13:06 | 男→女，表達 | 我最怕你這樣…… | 女冷笑頂嘴回憶 | 你以前不是這樣的 |
| | | 先別這麼刻薄刻薄 | | 我真的不喜歡你這樣 |
| | 女→男，提醒 | 當時你追我的時候…… | 加重音凸顯頂嘴回應 | 你知道你當初追我的時候不是這樣的 |
| 13:08～ | 男→女，無奈 | 但是我現在累了…… | 快速頂嘴 | 我想很久了，你聽我說 |
| | | 女：求你回來……就缺這一種基因 | 熟悉強調自我 | 你別忘了我是很倔強的 |
| 13:20～13:44 | 男→女，表達 | 我不是為了求你原諒，才打電話 | 男語氣加重，女驚了沉默 | 好了，讓我說好嗎，這次你聽清楚了 |
| | | | 身體振動，能量下降 | 好像這次不一樣了 |
| 13:32～13:46 | 男→女，表達 | 你可以罵我…… | 女哭了 | 真的是這樣了嗎 |
| | | 忘了我吧 | 男說再見，女低迷情緒高漲 | 真的是這樣了嗎 |
| 13:47～14:13 | 男→女，表達 | 我做不到…… | 深沉情緒 | 真的好難……好難過… |
| | | 因為我根本就不記得你 | 反將回嘴 | 死也不能輸 |

　　一般到這兒的練習，依據三元素概念，把行為語言的基礎打好，應該都會有猜中對方心裡的能力。要記得，經過這個片段練習後，你可以再找電影中的其他片段練習，每個段落最好都能練

習三十次以上。接下來，我們要在下一節把觀察的能力再往上提
高三個層次。

**第六節**

# 看穿他人內心世界的
# 觀察練習

接下來，讓我們進行更高層級的三階段觀察整合訓練。

---

❹ **觀察行為與互動**

1. 在確立假設的念頭、動機和潛動機後，試著模仿對方的動作和情緒。

2. 注意內觀情緒的變化與念頭是否一致（情緒不會，但如果做出來不一樣，一定是啟動的念頭偏誤）。

3. 試著表演或與周遭人互動，確定對方的感受是否與你看影片時感受一致。

4. 注意影片裡的人與主角的動作互動，還原當時周遭的人的感受和情緒。

5. 經由上面幾點，你便可以在程序記憶裡，建立動機與行為習慣相關聯的潛意識資料庫。

---

這個階段除了讓你再確定自己的假設以外，更重要的是要把「認知」變成「感知」，再轉存回你的潛意識，透過模仿動作達

到用「同理心連結他人心智」的作用，把彼此的潛意識相結合，以真正感受到對方想法。

這一段一定要保持靜心去模仿揣摩，才能細細體會出潛藏在內心那一閃而逝的念頭和感受。

為了驗證假設的念頭對不對，最好的方式就是把對方的念頭和行為動作放於自己心中，然後試著將行為動作同樣表現出來，看看別人能感受到同樣感覺嗎？並進行更多模仿，看看自己是不是真的取得別人念頭的啟動鑰匙。

這是較為成熟的一個讀心練習，到了這個階段，一旦練習時間長，就會發現周遭人雖有不同動作，卻有同樣的念頭理由在推動著，只是表現方式不同。

例如一行人因為飛機誤點在機場被延誤半天，很多人心裡都很毛躁憤怒，但是每個人表現的方式都不同，有的會開始不斷拿手機，有的會睡覺，有的則會不斷來回踱步，但也有人可能會氣得去跟櫃檯抱怨，念頭都差不多的狀況下，行為的反應卻不同。

最好能在影片中找不同段落練習一百次以上，在累積夠多行為資料庫後，你就可以很容易看出別人的內心念頭，因為大多數人有著差不多驅使的念頭原因，每天都要進行差不多的工作和行程，即使行為反應不同，但是念頭可能一樣，只是自己渾然不知。

如果再進一步，情緒和動作間還有差異，那就是動機、潛動機和動因的差別。但到這階段，你對於掌握念頭已經非常容易，若要練習動機和潛動機的模仿，方法其實也很簡單，只要在自己記憶裡放一樣的情緒記憶與器官記憶即可。

　　但是這屬於比較專業的部分，實際練習還是要透過一些專業引導。（專業演員即是如此準備演出，他們在演繹劇本裡的潛台詞，也就是動機和潛動機，至於去做的演員功課就是在模仿動因裡的記憶。）

　　進行到這個程度，你與人相處的精準度會提高很多，因為你都是與人的深層意識相處，而不是在表面上著墨。

　　舉一對情侶的案例說明，如果女人在男人夜間加班時，靠過來說：「我好餓，我們去吃東西好嗎？」一般男生可能說：「我在忙，妳自己去吃好嗎？」

　　讀心程度高一點的，可能會說：「好，待會好嗎？等我忙完。」至少回應到對方的需求，但是真正的讀心高手可能會說：「我也好餓，我們待會一起去吃上次那家好吃的餐廳喔，但是讓我先告一個段落。」

　　為什麼最後的說法是最高段呢？因為他同時滿足了對方表面上和潛意識裡寂寞需要被陪伴的需求，更不會被打斷工作。

　　以下是影片練習的第四階段範例成果：

| 影片時間段 | 刺激 | 大概內容 | 反應 |
|---|---|---|---|
| 12:00~12:04 | 男→女，來電答鈴 | 鈴聲 | 女驚慌<br>倉促跑到無人陽台 |
| 12:06~12:10 | 男→女，男問候女 | 唉，上班呢～ | 女強作鎮定<br>男哀莫<br>女冷漠快速應對 |
| 12:08~12:31 | 女→男，命令語氣 | 我們把這句話省了吧<br><br>女：陸然，你追我的時候…… | 男無奈肯定<br>男猶豫顧忌<br><br>女回憶過去<br>記憶很清晰的樣子 |
| 12:32~12:40 | 女→男，問話 | 什麼時候開始的？ | 男坦白應對<br><br>女驚訝生氣 |
| 12:41~12:57 | 女→男，發飆 | 當成你們地下戀忠實觀眾……<br>男：小仙兒 | 男無奈受不了<br><br>語調低於陸然這個名詞 |

| 念頭（內心話） | 潛動機 | 行為特徵 |
|---|---|---|
| 等待已久 | 終於等到了，看你怎麼解釋 | 突然驚慌掩飾 |
| 怕人知道 | 愛面子 | 注意周遭人眼光 |
| 愛面子 | 過去的經驗是沒有輸過敗過的 | 傲慢樣 |
| 還是那個倔強的老樣子…… | 老被欺壓，等不到對方改變 | 無奈忍受 |
| 為了避免客套，早點進入重點 | 避免尷尬，給你機會解釋 | 聲音強硬，尾聲硬中有軟 |
| 好吧，還是依你吧 擔心女主角的情緒和想法 | 還是那樣…… 還是愛你的，不忍傷害 | 語氣低下配合 語氣穩定下來，但尾音的強度沒變，後又語音掉下去 |
| 你以前就是那樣追我的，沒自信…… 認定就是如此 | 你知道嗎，我多喜歡你那時的樣子 你傷害了我 | 語氣昂揚 瞳孔放大堅定，肯定語氣，但後又語氣掉下去，變成強作鎮定的語氣 |
| 反正你都知道了，乾脆說實話 居然這麼久了?! | 該來的還是來了，既然要說就說了吧 天呀，居然可以瞞我這麼久，我是這麼信任你們耶 | 猶豫變肯定 從語氣驚訝變成陳述 |
| 不要再說了 我一直以你為主，不要老是欺負我（持續推動） | 我一直以你為主，不要老是欺負我 我受不了這樣的刻薄了 | 頂撞的語調 語調變得生氣毛躁 |

（續下頁）

| 影片時間段 | 刺激 | 大概內容 | 反應 |
|---|---|---|---|
| 12:55~13:06 | 男→女，表達 | 我最怕你這樣…… | 女冷笑頂嘴回憶 |
| | 女→男，提醒 | 先別這麼刻薄<br>刻薄<br>當時你追我的時候…… | 加重音凸顯<br><br>頂嘴回應 |
| 13:08~ | 男→女，無奈 | 但是我現在累了……<br>女：就缺這一種基因 | 快速頂嘴<br><br>熟悉強調自我 |
| 13:20~13:44 | 男→女，表達 | 我不是為了求你原諒，才打電話 | 男語氣加重，女驚了沉默<br><br>身體振動，能量下降 |
| 13:32~13:46 | 男→女，表達 | 你可以罵我…… | 女哭了 |
| 13:47~14:13 | 男→女，表達 | 忘了我吧<br>我做不到……<br>因為我根本就不記得你 | 男說再見，女低迷情緒高漲<br>深沉情緒<br>反將回嘴 |

| 念頭（內心話） | 潛動機 | 行為特徵 |
|---|---|---|
| 你以前不是這樣的 | 我還記得你追我的樣子和可愛，你忘了嗎 | 強化「姑娘，我多麼喜歡妳的刻薄」的字句 |
| 我真的不喜歡你這樣 | 我被磨光了你不知道嗎 | 強化「我累了」的字句 |
| 你知道你當初追我的時候不是這樣的 | 你還記得你當時的樣子嗎……要不是我同情你……喜歡我的刻薄和聰明，我們今天不會在一起的 | 把求你回來拿出來說了，空穴不來風 |
| 我想很久了，你聽我說 | 你知道我一直配合你很累嗎 | 強調我累了 |
| 你別忘了我是很倔強的 | 雖有這想法，但不可能先低頭，你是知道我的 | 強調從小到大，表示一直以來 |
| 好了，讓我說好嗎，這次你聽清楚了 | 我真的生氣了，能讓我說完一次嗎，聽聽我的心裡話 | 男子這次是真的沒轉圜餘地，女的驚覺好像是真的了 |
| 好像這次不一樣了 | 我不再是你的寶貝女王了嗎 | 整個身體振動了起來 |
| 真的是這樣了嗎 | 我該怎麼辦 | 聽的時候眼神飄移 |
| 真的是這樣了嗎 | 我的世界一片空白了 | 眼睛頻轉，眼眶濕濡視線往上 |
| 真的好難……好難過…… | 我要崩潰了怎麼辦 | 嘴角發抖 |
| 死也不能輸 | 死也不能輸…… | 本能反應 |

❺ **觀察特徵與習慣**

1. 這段練習著重資料庫的相連結。

2. 把類似的人和經驗當作參考基準線，辯證差異。

3. 觀察常見的行為動作習慣，找出其念頭和動機的迴路機制。

4. 多蒐集別人的記憶故事，拼湊出動因與潛動因的組成，找到動機念頭的出處，並註明大腦的哪一部分。

5. 從類似經驗和動因裡反推有無共同的行為與特徵。

6. 受什麼刺激會啟動迴路。

　　觀察一個人時，若同時舉出幾個類似的人或經驗，找出同質的地方比較差異，這會是未來建立基準線最快的方式，當你看到一個人，就可以搜索腦海中類似的人觀察比較。

　　因為要建立多樣的資料庫，後面的練習次數會越來越多，而這些練習的成果都會同時被潛意識和意識層吸收，成為未來快速辨認的基石。

　　這個練習當然不能光憑感覺，而且最好練習一百次以上，你必須為所有感覺找到證據，只有找到別人念頭上的行為證據後，才能對其進行慣性的蒐集，以後只要看到類似習慣，便能判斷出對方可能發生的狀況。

　　在掌握大量習慣行為語言後，你對人的辨認速度就會快又準，甚至能達到預言的效果。

　　下一頁是影片練習第五階段範例成果，到了這一階段，你已經可以找出刺激源了。

| 影片時間段 | 刺激 | 大概內容 | 反應 |
|---|---|---|---|
| 12:00~12:04 | 男→女，來電答鈴 | 鈴聲 | 女驚慌<br>倉促跑到無人陽台 |
| 12:06~12:10 | 男→女，男問候女 | 唉，上班呢~ | 女強作鎮定<br>男哀莫<br>女冷漠快速應對 |
| 12:08~12:31 | 女→男，命令語氣 | 我們把這句話省了吧<br><br>女：陸然，你追我的時候…… | 男無奈肯定<br>男猶豫顧忌<br>女回憶過去<br>記憶很清晰的樣子 |
| 12:32~12:40 | 女→男，問話 | 什麼時候開始的？ | 男坦白應對<br>女驚訝生氣 |

| 潛動機 | 行為特徵 | 可能動因 | 刺激源 |
|---|---|---|---|
| 終於等到了，看你怎麼解釋 | 突然驚慌掩飾 | 等待了一晚（情緒腦） | 男主角出現 |
| 愛面子 | 注意周遭人眼光 | 過去強勢（神經腦） | 受到肯定欣賞 |
| 過去的經驗是沒有輸過敗過的 | 傲慢樣 | 過去沒向人低頭過（情緒腦） | 受到挫折時 |
| 老被欺壓，等不到對方改變 | 無奈忍受 | 老是要忍讓女主角（情緒腦） | 遇到女主角 |
| 避免尷尬，給你機會解釋 | 聲音強硬，尾聲硬中有軟 | 習慣強勢（神經腦） | 遇到挫折時 |
| 還是那樣…… | 語氣低下配合 | 記得當初與女主角的相處美好（情緒腦） | 遇到女主角 |
| 還是愛你的，不忍傷害 | 語氣穩定下來，但尾音的強度沒變，後又語音掉下去 | 記得當初與女主角的相處美好（情緒腦） | 遇到女主角 |
| 你知道嗎，我多喜歡你那時的樣子 | 語氣昂揚 | 想起當初你追我的記憶美好（情緒腦） | 任何兩人相處過的地方 |
| 你傷害了我 | 瞳孔放大堅定，肯定語氣，但後又語氣掉下去，變成強作鎮定的語氣 | 想起前幾天看到小三的情景（情緒腦） | 撞見的地方 |
| 該來的還是來了，既然要說就說了吧 | 猶豫變肯定 | 想起小三的好（情緒腦） | 當女主角又刺激傷害他時 |
| 天呀，居然可以瞞我這麼久，我是這麼信任你們耶 | 從語氣驚訝變成陳述 | 想起兩人經過（情緒腦） | 任何關於三個人相處過的場景 |

（續下頁）

| 影片時間段 | 刺激 | 大概內容 | 反應 |
|---|---|---|---|
| 12:41～12:57 | 女→男，發飆 | 當成你們地下戀忠實觀眾……<br><br>男：小仙兒 | 男無奈受不了<br><br>語調低於陸然這個名詞 |
| 12:55～13:06 | 男→女，表達<br><br><br>女→男，提醒 | 我最怕你這樣……<br><br>先別這麼刻薄刻薄<br><br>當時你追我的時候…… | 女冷笑頂嘴回憶<br><br>加重音凸顯<br><br>頂嘴回應 |
| 13:08～ | 男→女，無奈 | 但是我現在累了……<br><br>女：就缺這一種基因 | 快速頂嘴<br><br>熟悉強調自我 |
| 13:20～13:44 | 男→女，表達 | 我不是為了求你原諒，才打電話 | 男語氣加重，女驚了沉默<br><br>身體振動，能量下降 |

| 潛動機 | 行為特徵 | 可能動因 | 刺激源 |
|---|---|---|---|
| 我一直以你為主，不要老是欺負我 | 頂撞的語調 | 兩人相處上的百般忍讓（情緒腦） | 當女主角又刺激傷害他時 |
| 我受不了這樣的刻薄了 | 語調變得生氣毛躁 | 兩人相處上的百般忍讓（情緒腦） | 當女主角又刺激傷害他時 |
| 我還記得你追我的樣子和可愛，你忘了嗎 | 強化「姑娘，我多麼喜歡妳的刻薄」的字句 | 前男友追求他的美好記憶 | 前男友追求時的場景 |
| 我被磨光了你不知道嗎 | 強化「我累了」的字句 | 兩人相處上的百般忍讓（情緒腦） | 當女主角又刺激傷害他時 |
| 你還記得你當時的樣子嗎……要不是我同情你……喜歡我的刻薄和聰明，我們今天不會在一起的 | 把求你回來拿出來說了，空穴不來風 | 前男友追求他的美好記憶（情緒腦） | 前男友追求時的場景 |
| 你知道我一直配合你很累嗎 | 強調我累了 | 兩人相處上的百般忍讓（情緒腦） | 當女主角又刺激傷害他時 |
| 雖有這想法，但不可能先低頭，你是知道我的 | 強調從小到大，表示一直以來 | 過去自己成功驕傲的記憶（情緒腦） | 當別人認同她時 |
| 我真的生氣了，能讓我說完一次嗎，聽聽我的心裡話 | 男子這次是真的沒轉圜餘地，女的驚覺好像是真的了整個身體振動了起來 | 兩人相處上的百般忍讓（情緒腦） | 當女主角又刺激傷害他時 |
| 我不再是你的寶貝女王了嗎 | | 想起兩人相處的美好，前男友處處讓她（情緒腦） | 任何兩人相處過的地方 |

（續下頁）

| 影片時間段 | 刺激 | 大概內容 | 反應 |
|---|---|---|---|
| 13:32~13:46 | 男→女，表達 | 你可以罵我…… | 女哭了 |
| 13:47~14:13 | 男→女，表達 | 忘了我吧 | 男說再見，女低迷情緒高漲 |
| | | 我做不到…… | 深沉情緒 |
| | | 因為我根本就不記得你 | 反將回嘴 |

| 潛動機 | 行為特徵 | 可能動因 | 刺激源 |
|---|---|---|---|
| 我該怎麼辦 | 聽的時候眼神飄移 | 想起兩人相處的美好，前男友處處讓她（情緒腦） | 任何兩人相處過的地方 |
| 我的世界一片空白了 | 眼睛頻轉，眼眶濕濡，視線往上 | 想起兩人相處的美好，前男友處處讓她（情緒腦） | 任何兩人相處過的地方 |
| 我要崩潰了怎麼辦 | 嘴角發抖 | 想起兩人相處的美好，前男友處處讓她（情緒腦） | 任何兩人相處過的地方 |
| 死也不能輸…… | 本能反應 | 想起兩人相處的美好，前男友處處讓她（情緒腦） | 任何兩人相處過的地方 |

❻ 從動機到動因（真正的讀心術自此才開始）

1. 綜合以上練習，漸進縮短時間進程和耗費。

2. 依據表徵和習慣動作快速建立觀察基準線。

3. 依據差異建立假設。

4. 快速驗證假設動機。

5. 抓到動機。

6. 依據動機進行和動因的相連結，開始進到對方的深層意識和記憶裡。

7. 根據潛動機預測未來。

8. 關注對方的潛意識運作變化與外在環境變化。

9. 這個練習可以進行一生。

　　第六個階段是已經成熟的狀況，也是最後達到的一個練習狀態與程序。一旦習慣熟悉前面的練習，你就會進入到真正的讀心術大師階段，面對任何人能直接從第六階段開始，而且很深入、不是膚淺表面。

　　你不妨可以比較在六個階段後，你的資訊量可以相差多少，這也是為什麼一般人與受過讀心術訓練的人，在人際和學習上會有如此大差距的原因。

　　如果你想讓潛意識變得發達，看人和用人能夠更細膩，用兩分鐘就可以達到良好的敏捷度，請好好練習每一個階段。

　　第126頁到131頁的表格為歷經六個階段的練習後，從這短短

的電影片段中，你可能獲知的最多訊息與未來可能。

如果把整部電影看完，你不難發現劇情都有依據「未來可能」去推演劇情，所以讀心可以做到不只一看就明白過去，還能做到一看就知道未來，兩分鐘的縮影就能看到未來兩小時或半年發生的事，如果想達到如此的境界，請務必好好練習！

| 影片時間段 | 刺激 | 大概內容 | 反應 |
|---|---|---|---|
| 12:00~12:04 | 男→女，來電答鈴 | 鈴聲 | 女驚慌<br><br>倉促跑到無人陽台 |
| 12:06~12:10 | 男→女，男問候女 | 唉，上班呢~ | 女強作鎮定<br><br>男哀莫<br><br>女冷漠快速應對 |
| 12:08~12:31 | 女→男，命令語氣 | 我們把這句話省了吧<br><br>女：陸然，你追我的時候…… | 男無奈肯定<br><br>男猶豫顧忌<br><br>女回憶過去<br><br>記憶很清晰的樣子 |

| 潛動機 | 可能動因 | 刺激源 | 未來可能 |
|---|---|---|---|
| 終於等到了，看你怎麼解釋 | 等待了一晚（情緒腦） | 男主角出現 | 懷念前男友，並且害怕等待與不確定的感覺 |
| 愛面子 | 過去強勢（神經腦） | 受到肯定欣賞 | 更愛面子，希望找到更包容她的人 |
| 過去的經驗是沒有輸過敗過的 | 過去沒向人低頭過（情緒腦） | 受到挫折時 | 好強 |
| 老被欺壓，等不到對方改變 | 老是要忍讓女主角（情緒腦） | 遇到女主角 | 不想再有一段關係需要受氣忍耐了（也是為什麼社會上常見小三不一定比元配更美的原因） |
| 避免尷尬，給你機會解釋 | 習慣強勢（神經腦） | 遇到挫折時 | 以後更不容易低頭 |
| 還是那樣…… | 記得當初與女主角的相處美好（情緒腦） | 遇到女主角 | 不想再有一段需要受氣忍耐的關係 |
| 還是愛你的，不忍傷害 | 記得當初與女主角的相處美好（情緒腦） | 遇到女主角 | 祝福女主角，但不想再聯絡 |
| 你知道嗎，我多喜歡你那時的樣子 | 想起當初你追我的記憶美好（情緒腦） | 任何兩人相處過的地方 | 懷念前男友 |
| 你傷害了我 | 想起前幾天看到小三的情景（情緒腦） | 撞見的地方 | 害怕再遇到這種情況，害怕再受傷 |

（續下頁）

10

| 影片時間段 | 刺激 | 大概內容 | 反應 |
|---|---|---|---|
| 12:32~12:40 | 女→男，問話 | 什麼時候開始的？ | 男坦白應對<br><br>女驚訝生氣 |
| 12:41~12:57 | 女→男，發飆 | 當成你們地下戀忠實觀眾……<br><br>男：小仙兒 | 男無奈受不了<br><br>語調低於陸然這個名詞 |
| 12:55~13:06 | 男→女，表達<br><br><br><br>女→男，提醒 | 我最怕你這樣……<br><br>先別這麼刻薄刻薄<br><br>當時你追我的時候…… | 女冷笑頂嘴回憶<br><br>加重音凸顯<br><br>頂嘴回應 |
| 13:08~ | 男→女，無奈 | 但是我現在累了……<br><br>女：就缺這一種基因 | 快速頂嘴<br><br>熟悉強調自我 |

| 潛動機 | 可能動因 | 刺激源 | 未來可能 |
|--------|----------|--------|----------|
| 該來的還是來了，既然要說就說了吧 | 想起小三的好（情緒腦） | 當女主角又刺激傷害他時 | 做出這個決定後，以後就不會回頭了（知道以後千萬不要逼人喔） |
| 天呀，居然可以瞞我這麼久，我是這麼信任你們耶 | 想起兩人經過（情緒腦） | 任何關於三個人相處過的場景 | 害怕再有閨密姊妹與男友親近 |
| 我一直以你為主，不要老是欺負我 | 兩人相處上的百般忍讓（情緒腦） | 當女主角又刺激傷害他時 | 不想再有一段需要受氣忍耐的關係 |
| 我受不了這樣的刻薄了 | 兩人相處上的百般忍讓（情緒腦） | 當女主角又刺激傷害他時 | 兩人不再有可能了 |
| 我還記得你追我的樣子和可愛，你忘了嗎 | 前男友追求他的美好記憶 | 前男友追求時的場景 | 懷念前男友 |
| 我被磨光了你不知道嗎 | 兩人相處上的百般忍讓（情緒腦） | 當女主角又刺激傷害他時 | 希望有一段給他愛的感情 |
| 你還記得你當時的樣子嗎……要不是我同情你……喜歡我的刻薄和聰明，我們今天不會在一起的 | 前男友追求他的美好記憶 | 前男友追求時的場景 | 對自己更肯定 |
| 你知道我一直配合你很累嗎 | 兩人相處上的百般忍讓（情緒腦） | 當女主角又刺激傷害他時 | 不想再有一段需要受氣忍耐的關係 |
| 雖有這想法，但不可能先低頭，你是知道我的 | 過去自己成功驕傲的記憶（情緒腦） | 當別人認同她時 | 若遇到肯定她的人還是維持原樣 |

（續下頁）

| 影片時間段 | 刺激 | 內容 | 反應 |
|---|---|---|---|
| 13:20~13:44 | 男→女，表達 | 我不是為了求你原諒，才打電話 | 男語氣加重，女驚了沉默<br><br>身體振動，能量下降 |
| 13:32~13:46 | 男→女，表達 | 你可以罵我…… | 女哭了 |
| 13:47~14:13 | 男→女，表達 | 忘了我吧<br><br>我做不到……<br><br>因為我根本就不記得你 | 男說再見，女低迷情緒高漲<br><br>深沉情緒<br><br>反將回嘴 |

| 潛動機 | 可能動因 | 刺激源 | 未來可能 |
|---|---|---|---|
| 我真的生氣了，能讓我說完一次嗎，聽聽我的心裡話 | 兩人相處上的百般忍讓（情緒腦） | 當女主角又刺激傷害他時 | 不想再有一段需要受氣忍耐的關係 |
| 我不再是你的寶貝女王了嗎 | 想起兩人相處的美好，前男友處處讓她（情緒腦） | 任何兩人相處過的地方 | 會對自己有所懷疑 |
| 我該怎麼辦 | 想起兩人相處的美好，前男友處處讓她（情緒腦） | 任何兩人相處過的地方 | 暫時失去方向 |
| 我的世界一片空白了 | 想起兩人相處的美好，前男友處處讓她（情緒腦） | 任何兩人相處過的地方 | 暫時失去方向 |
| 我要崩潰了怎麼辦 | 想起兩人相處的美好，前男友處處讓她（情緒腦） | 任何兩人相處過的地方 | 暫時失去方向 |
| 死也不能輸…… | 想起兩人相處的美好，前男友處處讓她（情緒腦） | 任何兩人相處過的地方 | 更愛面子，希望找到更包容她的人 |

第七節

# 基準線與複數思考
# 構成大腦經驗

　　對大腦有基本的認識和練習後，我還要介紹兩個練習，幫助大家瞭解大腦的運作習慣。

　　這兩個練習會在你模擬對方心境和判讀決策時，發揮重大的作用，同時也是爲什麼讀心師可以快速運作大腦的關鍵。

## 基準線與複數思考的定義

　　是否有過出門時，會想想鑰匙放在哪？手機有沒有帶？早上要吃什麼早餐？今天簡報要如何表達？晚上要不要比主管先下班等問題的經驗，其實在我們的大腦裡，每天遇到任何需要判斷的事情時，大腦都會依據兩種習慣做非常精密的運作運算，以利我們做出有效精準的判斷。

　　一般人其實都有一些深淺不一的讀心能力，天賦高的業績好、

升遷快，天賦低的老是做錯、被嫌東嫌西，不論哪種情況，都還是有著或多或少讀心的能力（你可以理解成看人臉色的能力）。

由於讀心師能在同時間運作比一般人高十倍以上的資訊量，所以一般人需要跟別人相處兩週才能瞭解對方的種種，讀心專家只需要一小時，就可以有同樣的成果，其中有兩個重要訓練就是「基準線」和「複數思考」。

這兩種運作模式決定了我們是否聰明、反應快速，能否快速抓到客戶心意，是不是能夠得到老闆的認同，甚至你的考試與學習效率。

你可以用最簡單的方式來理解，「基準線」就是一個減法運作，「複數思考」則是一個加法運作的概念，大腦用這兩種方式做到「可能性」（加法）判定和「結果確認」（減法）。

## 基準線和複數思考的運用

基準線是全世界行為語言專家共用的專有名詞，大前研一先生在《思考的法則》一書曾談到，在全球第一管理顧問麥肯錫管理顧問公司裡，專業的顧問必須在大量的複數資料中做出判斷，但很可惜書中沒有更深入的談到如何利用複數思考做出判斷。

我曾思索這個概念到底是什麼，直到有天在一個團康遊戲突

然明白。這個遊戲相信大家其實都玩過，那就是「比手畫腳」。大家可能沒有注意到，其實在玩這個遊戲時，大腦就是正在進行複數思考和基準線的判定。

　　以下就來親身體驗這個簡單實驗，我給各位幾個提示，讓大家猜猜問題的謎底。

　　第一題：猜一種水果

1. 紅色的皮。

2. 白色軟軟果肉。

3. 裡面有芝麻斑點。

4. 熱帶水果。

不知道你猜到了嗎？答案在本文最後。

　　第二題：猜一種動物。

1. 有殼。

2. 四隻腳。

3. 爬行。

4. 長壽。

5. 動作緩慢。

6. 受驚嚇時會頭部縮進殼裡。

相信這兩個謎底很快就會浮現在你的腦海中，但不知道你有沒有注意到，答案幾乎是主動從腦海中冒出。為什麼大腦在這幾個提示下，就會進行腦海中的自動思索呢？

　　其實當這些線索出現，你的大腦便同時在考慮和判斷，正是所謂的複數思考和基準線判斷。

　　例如第一題提「紅色的皮」，腦子裡可能會出現番茄、火龍果、荔枝、蓮霧等，你的大腦會進行多種假設，可是求證時，你會追加問題以增加參考比對，例如「果肉是什麼顏色？」就是要考慮兩個條件下都符合的選項。

　　當你知道是白色的果肉時，你的大腦會進行減法，把番茄刪掉（這就是基準線概念）。然後又問「果肉裡有芝麻斑點嗎？」（增加複數思考條件）荔枝、蓮霧就被大腦刪掉了，於是大腦就會自動浮現出答案——火龍果。

　　所以基準線和複數思考就好比用經度緯度快速的定位大腦地圖上答案的位置，而行為語言的觀察也是如此，讀心師快速地搜索對手的所有身體線索，就像名偵探福爾摩斯在對方身上找尋所有的有用證據，然後快速進行有效推論和假設證明，以求得準確的答案。

　　一般來說，真正的讀心專家不會依據一個線索就進行判斷，這很容易陷入武斷的判斷危機，所以他們會考慮的點比一般人更多，就是因為他們會在極短的時間找到多項線索進行有效判斷。

我們用生活中的一個路人來說明。

從這張圖片討論這位女性的狀況，一般的讀心術書籍可能會從穿著或髮型著眼，但那樣的資訊並非不對，只是有些不夠充足，因為對一個讀心師而言，應該要練習如下的分析方式。

| 項目 | 特徵 | 意義 |
|---|---|---|
| 地點 | 台北捷運西門町站 | 時尚潮流之地 |
| 時間 | 2015年4月某日下午三點 | 上班時間在逛街 |
| 歲數 | 30歲左右 | 不是一般週一到週五上班族 |
| 化妝 | 淡妝 | 追求者眾 |
| 衣服品牌 | 未知 | 簡單俐落 |
| 裙子品牌 | 未知 | 長裙 |
| 包包品牌 | 未知 | 設計款、皮質有許多亮片 |
| 與周遭的差異 | 與旁邊的年輕人穿衣品味差異很大 | 過去常出沒附近 |
| 保養狀況 | 指甲無特殊上色，皮膚白淨 | 不走嬌羞路線，個性開朗 |
| 走路方式 | 腳步帶動用力 | 急性但膽小 |
| 說話方式 | 直快 | 不拖泥帶水，心直口快 |
| 結論 | | 這是一個已婚女士，過去追求者眾、經濟狀況穩定，個性直快，朋友很多，人際關係很不錯，但大多是異性。朋友有幾個換帖死黨。丈夫很愛她，以她為主。 |

　　基準線的概念和複數思考不能分開，好比加法減法是同時存於大腦。但一般的讀心術書籍提供的都是單一線索，但事實上，眼睛看到的畫面絕對是複數資料，不可能只依據一個包包或鞋子就做出判斷。

　　因為你實在無法知道她的櫃子裡到底有多少種類的鞋子或包包，也不能知道這個髮型是她喜歡的還是設計師建議的，光憑一個參數就進行判斷，一定會武斷又危險，切記一定要做出綜合判斷！

第八節

# 模擬對方的想法
# 在自己的大腦中

　　基準線可以幫你決斷，複數思考則可以幫你找到更多可能性，也能更深入模擬對方內心世界。

　　不知道大家是否發現，其實基準線和複數思考就是大家所謂的「經驗」，所以**要學到別人的經驗，就要知道對方考慮的參數有多少（複數思考），以及最後如何做出決策（基準線思考）。**

## 經驗的累積和養成

　　有經驗的業務因為有長年累積的經驗，所以能對客戶應對自如；但是對於沒有經驗的菜鳥業務員來說，面對客戶很容易茫然手足失措，不知道如何應對，原因就在經驗太少。

　　所以對大腦來說，**自信始於有經驗，害怕則始於沒經驗，只要把腦子裡的經驗補上，害怕的感覺就會消失。**

　　要模擬對方的心境和學習經驗，首重複數思考的練習。在進

行這個練習前，我要提醒大家一個非常重要的觀念，這個觀念就
如同下面的腦筋急轉彎：

請問，要如何把一隻大象放進冰箱？

答案很簡單，把冰箱打開來，然後把大象放進去。

那再請問，我們要如何把長頸鹿放進冰箱呢？

是把冰箱打開來，把長頸鹿放進去嗎？

答案是把大象拿出來，再把長頸鹿放進去。

要做好複數思考，就跟把長頸鹿放進冰箱的道理一樣，要把
腦海裡不必要的東西拿出（自己的成見）。這個原則看似非常簡
單，很多人卻做不到，因為抱持成見是我們的壞習慣。但是要做
為一個讀心者，一定不能有這個習慣，才能如實的把別人的想法
注入腦海，卻又不會用自己的方式解讀。

以下讓我用《空城計》的故事為例說明。

東漢末年，蜀國丞相諸葛孔明北伐魏國，在一次兩軍
對峙時，調度軍營兵馬、部署軍事的事情做好後，就先率
領五千名士兵去西城縣搬運大軍所需糧草。

忽然連續來了十幾個傳送緊急軍情的人，他們緊急報告說：「司馬懿率領十五萬的大軍，聲勢浩蕩地向西城縣蜂擁而來。」

當時孔明身邊沒有大將，只有一批文官所帶領的五千名士兵，但已經先分一半搬運糧食，只剩下二千五百名士兵在城中駐守，雙方人馬懸殊六十倍。眾官吏此時聽到這個消息，都已經害怕得臉色大變。

於是孔明冷靜地登上城樓仔細觀望司馬懿的軍隊，果然兵馬眾多，使得塵土滿天飛揚，而且兵分兩路向小城圍殺而來。

孔明靜下心來心生一計，立即傳下命令：「把所有將官們的旗幟都收藏起來；軍士們各自堅守巡查的崗位，如果有不遵守規定，隨意進出和高聲談話，立刻斬殺；然後大開四個城門，每一城門派二十名軍士，打扮成老百姓，灑掃街道；如果敵兵到了，不可擅自妄動，我自然有計策。」

說完，孔明披上用鳥羽編製的外衣，戴上青絲帶編的頭巾，領著兩名小童子，拿著一張琴，就在城上的敵樓前，靠著欄杆坐下焚香彈琴。

現在請把自己想像為司馬懿，看著遠處小城上的諸葛亮。然後依照下面的資訊思考一下，如果你是司馬懿，會如何指揮大軍？

### 第一階段的複數資料

1. 過去老敗給諸葛亮，今天終於被我逮到機會，我強敵弱，還懸殊多倍。

2. 今日我帶十五萬人前後包夾，小城中最多容納將士一萬人。

3. 小城城牆如此低矮單薄、難以堅守，我們大軍向前將能踩平這個城。

4. 終於和諸葛亮可以一決高下，證明自己不在其之下。

5. 還能一舉把蜀國滅了，收復天下。

請問如果就這五點思考，你會決定打還是不打？當你做好決定，我們再輸入另外一些資料。

### 第二階段的複數資料

1. 諸葛亮平生不行險，現在居然老神在在……

2. 居然大開城門，還在城上彈琴？莫非有詐？

請問加入這兩個思考點後，你決定打還是不打？當你做好決定，我們再輸入一些資料。

## 第三階段的複數資料

　　1.我現在命十五萬人一人放一箭，共十五萬箭遠距離一射，便能把他射死，不然也能探探城中虛實。

　　2.再不然包圍小城，他也死定了，若城中人多，肯定糧草不濟，最後他們會被圍城而死。


　　請問加入這兩點思考後，你決定打還是不打？做好決定後，我們繼續輸入其他參數。

## 第四階段的複數資料

　　1.諸葛亮頭戴青絲巾，狀如死士戴孝，曲子中笑中有悲，必是笑弄知我，曹操因我心思深沉，一生不用我，傳子曹丕也不用我，到孫曹叡朝廷，仍處處防我害我，今天若不因朝中只我一人能與諸葛亮匹敵，根本不會用我。

　　2.現在大軍在旁等我一聲令下衝進去，而且各個已經都快按捺不住了，但若真的衝進去殺了諸葛亮，我是何下場？我得快下個決定。

現在再加入這最後兩個參數思考後，你打還是不打呢？

很多讀者可能都會下一樣的決定，「快撤！城中有埋伏！」而且還會為此找個理由「諸葛亮平生不行險，其中必有詐」。

從以上故事的實際體驗不難發現，看似打與不打的簡單答案，卻是經過深思決策。

另外，我想要延伸一個讀心師快速讀人的小撇步，當你在工作上不知道該用什麼語言模式和新客戶溝通，可以從對方的職業和學習經歷，還有大學前的人際關係等找尋資料，你可以如下圖範例試著這樣做。

當你確實把腦袋清空並蒐集資料，潛意識就會自動冒出許多想法和感覺告訴你。

這個看似簡單的小技巧有一個非常重要的原則，就是當你想裝進別人的基準點，一定要如靜心練習一樣倒空，不站在自己和成見上去看待別人，越空越好，因為只要有一絲自己的立場和想法，感覺可能就會偏誤了。

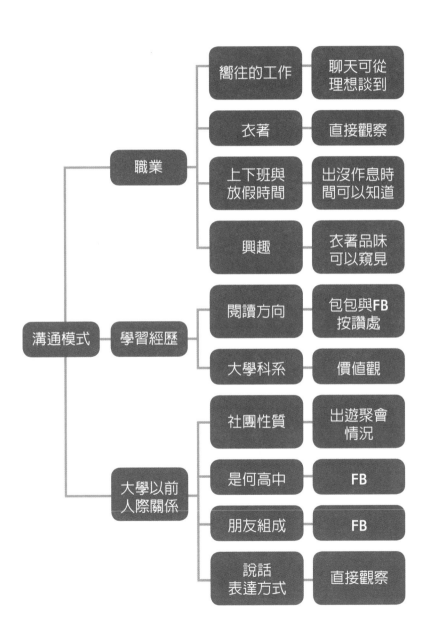

## ERIK的讀心練習

　　相信你現在對複數思考的意義有更清楚的認識，現在請試著模擬幾個簡單的練習，然後把觀察到的資料逐一列列下面幾個表格中，看看大腦會告訴你什麼答案。

觀察今天早上遇到的第一個人。

| 線索 | 特徵 | 意義 |
|------|------|------|
| 地點 | | |
| 時間 | | |
| 性別 | | |
| 歲數 | | |
| 衣服顏色 | | |
| 配件 | | |
| 走路方式 | | |
| 結論 | | |

觀察一位路邊經過的女性。

| 線索 | 特徵 | 意義 |
|------|------|------|
| 地點 | | |
| 時間 | | |
| 歲數 | | |
| 化妝 | | |
| 衣服品牌 | | |
| 包包品牌 | | |
| 鞋子品牌 | | |
| 手機 | | |
| 配件 | | |
| 手持飲料 | | |
| 與周遭的差異 | | |
| 保養狀況 | | |
| 走路方式 | | |
| 說話方式 | | |
| 結論 | | |

觀察一個男性友人。

| 線索 | 特徵 | 意義 |
|------|------|------|
| 認識時間 | | |
| 認識場合 | | |
| 最近來往 | | |
| 衣服品牌 | | |
| 褲子品牌 | | |
| 皮鞋 | | |
| 包包品牌 | | |
| 眼鏡 | | |
| 皮帶 | | |
| 配件 | | |
| 手機 | | |
| 保養狀況 | | |
| 動作方式 | | |
| 走路方式 | | |
| 說話方式 | | |
| 結論 | | |

> 　　以上是兩個複數資料的練習，你可以試著在生活上對周遭人進行速寫紀錄，然後漸漸的把複數資料加多。當資料越多，答案應該會更清晰。

# 協助大腦找出答案

　　有些人在上面的練習裡仍會想不出答案，這時除了提醒大家不要過度限制性思考與害怕犯錯以外，再提供兩個秘訣給大家。

## 第一、假設→刪除→證明

　　不管看到什麼，請試著先大膽假設（不要怕錯），因為一旦你有這種想法，腦子會自動停止聯想。

　　在管理顧問研究這個行業，我們要提供企業客戶準確有效的建議，一定會蒐集很多資訊再進行各種假設，但是盲目地蒐集過多、過大的資訊沒有意義，所以蒐集一些資訊後，我們會對情況進行基本的幾個假設，然後再根據假設找尋證據支持或刪除較差的假設。

　　請注意，對事情有用、能夠幫助情況變好的假設，才是需要被獨立出來的假設，恐懼害怕、會讓你驚慌失措的假設就不需要

了，那種想法會讓大腦自動關機。

找尋證據支持或刪除假設時，再次提醒重要的觀念，很多人以為行為語言是答案，事實上這是很嚴重的思考死路，因為你可以知道對方的情緒，但是「為什麼」卻不應該是立即可以做出判斷，必須參考刺激和前因。

例如你今天拜訪客戶時，發現對方的表情非常嚴肅不開心，嚴肅不開心是一種情緒，但到底是因為他本來個性就如此，還是因為今天工作上的問題？還是因為家裡的一些事情讓他煩心？或者是因為你的到訪？這些都要經過推論驗證，而不是一看到客戶的表情不對，馬上想放棄、打退堂鼓。

要運用行為語言推斷別人的想法，一定要經過辯證。一個會讀心的業務員，即便從不好的情緒，也能看出對方內心的問題，然後再進行有效的銷售。

## 第二、建立資料庫

如果你發現無法對看到、聽到的資訊進行定義，也不知道那些符號和特徵到底代表什麼意思，很可能代表你的潛意識裡，原本就沒有儲存相關的定義與經驗。這時你就必須重新建立這方面的資料庫（不止情緒資料庫，還要有常用基準線），以便大腦日後能幫你進行快速的分析動作。

這也是爲什麼有些人對異性有溝通上和相處上的問題，是因爲很多人與異性相處時存在恐懼，而那都是源自於對異性毫無所知，而資訊不足的狀況下，在意見或相處上又容易發生爭執。

　　雖說初戀總是美好難忘，但是現實生活中，跟難忘的初戀對象結婚的卻是少之又少，因爲當時大多數人並沒有眞正瞭解對方，彼此間的衝突最後反而讓感情消磨殆盡。

　　當你對對方有更多認識（資料庫）時，這樣的狀況就會獲得很大的改善。讀心師的練習也是同樣道理，當你對人事物的經驗與資料不足，大腦當然沒辦法馬上判讀出答案，但當資料充足，大腦自然就能進行快速的分析解讀了。

| 第三章 |

# 潛意識跟行爲語言間的
# 運作和影響

第一節

# 說謊者的特性和防範

　　很多人都會想知道或擔心別人是不是在對他說謊，其實觀察謊言很容易，所有謊言不脫四個主要特性，大家在觀察謊言時，只要注意四種特性，就能輕易辨析出來。以下的四種特性，可能於一個謊言中同時出現，讀者可以注意，如果出現的特性越多，說謊的可能性就越高。

## 謊言的四大特性

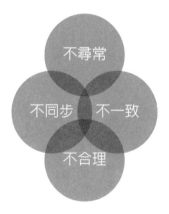

## 第一、 不尋常

一般人在意識到自己說謊時，潛意識會有排斥或擔心的想法，所以，行為表現會脫離一般正常表現的樣子（偏離行為基準線），所以只要注意到當事人有非常態的表現，就可以輕易知道對方心裡一定有不一樣的變化（因為刺激一樣），這個特性是稍有讀心天賦都能注意到，也是初學讀心者最容易掌握到，只要留心觀察都不難發現。

例如，當與部屬開會時，過去他面對類似問題都能勇於面對，現在卻有膽怯困窘的表情，很可能就是內心有了變化，有事情不好表達，你可以在私底下進行詢問。

## 第二、 不一致

一般人只要有強烈說謊的罪惡感或不安全感，身體就會和語言產生很大落差，變成說一套做一套的狀況，不然也會有其中幾個關鍵動作和聲音會和其他的身體訊號不同，細心留意其中差異之處，很可能就是說謊掩飾的地方。

例如，當詢問部屬工作進行順利與否，部屬回答順利時，如果眼神很快避開，很可能表示事情可能不是如此。或是要跟你說話時，靠近時卻面向其他處，表示心中很可能還有很多未說之事。

## 第三、 不同步

　　人在說謊時只要上下意識不協調，當事人說的和想的不同，就會出現動作跟語言有落差的情況，特別是被突然詢問時更明顯。所以只要留心對方動作有異時，出於文句上的哪些部分，就很容易知道對方在哪些問題有所顧忌。

　　例如，業務人員常聽到客戶回應「我最近可能比較忙」，如果語氣下滑處在「我」，就表示對方可能不想見到你，如果是在「比較忙」的語氣處下滑，就表示真的比較忙，只要再加把勁的勤加追蹤，還是有成交的機會。

## 第四、 不合理

　　不擅於說謊的人，話說得越多，漏洞越多，只要給對方多說一點，他為了彌補可能漏洞而說得太多，反而有很多地方會前後矛盾、邏輯不通。所以善於問話的人會把問句的時間軸打亂，讓對方回答時不容易注意到邏輯問題，但是稍一拼湊就能知道其中的盲點。

　　例如你要知道部屬是否有確實拜訪客戶，可以請對方說出一天拜訪的客戶的名單和順序，然後過一會兒又佯裝忘了，把時間反過來倒序再問一次，或是從中間開始問，如果剛剛是胡謅的

人，很快就會出現順序上的不同。

從以上四個特性，很容易「觀察」出對方是不是說謊。

## 如何避免欺騙

接下來談談要如何避免被欺騙，以下四個方法供大家參考：

### 第一、 避免洩漏低迷情緒

要避免騙子找上自己很難，但可以讓他對你比較忌憚而敬而遠之。首先你要有個習慣，面對任何聽起來很不錯的事，都要面不改色，不管對方怎麼說，不要輕易的有任何表情和回應。

因為很多欺騙者都會捉摸你的心理，會根據你的反應做出攻擊，但只要你毫無反應，對方就會不知道如何下手，只能一味地說下去，卻捉不到施力點。

而且你只要能控制表情，情緒也會被壓制下去，理性就比較容易主導意識，感性程度也會下降，便能避免衝動行事，一舉數得。

### 第二、 情感被動搖時，避免衝動行事

請留心觀察自己的心理狀態，保持內觀，一旦你的感性衝動上

升，被對方的說詞觸動產生想像，請立即停止！如果對方能動搖你的情感，就能讓你產生衝動的行為，因此只要你意識到自己的感性動搖了，就立即停止眼前的動作，這樣也可以避免衝動行事。

## 第三、 爭取延長思考的時間

你可以用些方法提醒自己，例如捏大腿一下，然後先離開現場，這樣就能化解暫時的衝動。因為大多數人的懊悔都是發生在衝動上，而騙子最擅長的就是讓你衝動行事。

我有很多學員過去常常會不小心衝動下決定而被騙，現在只要遇事要衝動決定時，就會強迫自己先離開或恢復理性後，仔細衡量再做出決定，養成習慣便可避免不少麻煩。

## 第四、 一開始就建立自己的退場機制

另外，還有一個辦法，就是凡事先把「待會有事，只有五分鐘」掛在嘴上，因為只要這樣一說，想要欺騙你的人就會被迫盡快切入重點，如此便能讓自己更快、更清楚的知道對方重點。

因為一旦你面對騙子越久，被說服的機率就會大大提升，對方也能找到更多說服你的辦法，所以只有在自己能清楚瞭解需要與否時，才不會因為對方的說法而動搖，又可以快速離開避免尷尬。

但請注意，一旦你這麼說，千萬要說到做到，否則會暴露你

只是隨便說說的念頭。

　　以上四個方法能避免你上當受騙，請不厭其煩地練習到變成
習慣為止！

第二節

# 臉部的特性與意義

## 觀察時絕不下單論

所有行為語言代表的意義都是複合的，不能僅憑著「雙手交叉抱胸」就斷定對方是「防衛」、「敵對」，還是「不信任」，仍需綜合考慮到對方的臉部表情及身體方位、姿態、節奏等，才能判斷對方行為的真正涵義。

由於行為語言本是動態動作，所以用照片理解較為困難，但受書本限制，請大家盡量將它想成動態，並掌握其精神意義。在真正掌握行為的精神意義後，行為的差異變化才會被自然體會。

在眾多的行為語言中，可分頭、手、腳和身體四大區塊，其中臉部表情最容易觀察，一是遮掩不來，二是在觀察者的視線最清楚處，三來表情是敘述情緒最清楚的地方，比起其他手腳身體都容易。所有的行為語言和節奏都有密切關係，在不同時間的意義完全不同，但因為表情的時間節奏參數比較少，所以容易入門。

綜合以上幾點，讀心者除了聲音，入門的第二個就是練習臉部表情觀察。比較麻煩的是表情的變動快、變化多，所以觀察者進行臉部觀察時，有幾點要注意：

**第一，一定要記得當下的刺激，因為光有表情、沒刺激的觀察，猜不出內心想法。**其中手、腳、身體的變化，有較為誠實的特性，因為不受掩飾的訓練，指標更明確，但觀察時，因為方便性不同各有利弊，觀察者可以隨機應變。

**第二，表情情緒在潛動機產生時，會有微表情出現，觀察表情不難，觀察微表情才是真正的藝術，**因為稍不留意，最真實的想法反應就轉眼即逝。

**第三，一般人關注的是自己的表達，但讀心者關注的是對方的表達，兩者形成最大差異。**如何找出對方的真正想法，需要仔細推敲。老話一句：「先辨認大分子」，從情緒及其他大分子上辨認後，再以佐證的方式去尋找行為語言，才不容易迷失掉方向！

在瞭解臉部表情前，我想先請大家思考一下，為什麼剛打了肉毒桿菌的人，都沒什麼表情或表情很僵硬？為什麼顏面神經失調的人，表情會很怪？

相信大家應該都知道，臉部表情和肢體動作一樣，都是由肌肉控制，所以在認識表情前，我先帶大家認識一些簡單的臉部肌肉。

## 從臉部肌肉瞭解行為語言

建議大家別光只是看著書上的文字及圖片，而能自己試著擺弄這些肌肉，靜下心體會是什麼感覺，這樣才能不用腦袋思考，而是讓潛意識幫忙記住。

我強調要用感知去記憶，用身體去感覺，只要不清楚的時候，學對方擺動即可，無須記憶背誦，只要能常觀察自己的狀態，或學習模仿對方，即能知道別人心中的感覺。

## 臉部肌肉的結構與分析

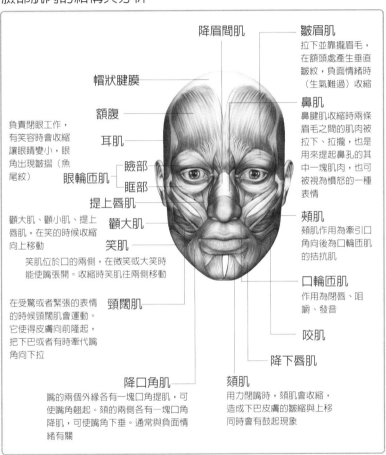

降眉間肌

皺眉肌
拉下並靠攏眉毛，
在額頭處產生垂直
皺紋，負面情緒時
（生氣難過）收縮

帽狀腱膜

額腹

鼻肌
鼻腱肌收縮時兩條
眉毛之間的肌肉被
拉下、拉攏，也是
用來提起鼻孔的其
中一塊肌肉，也可
被視為憤怒的一種
表情

耳肌

負責閉眼工作，
有笑容時會收縮
讓眼睛變小，眼
角出現皺摺（魚
尾紋）

眼輪匝肌

瞼部

眶部

提上唇肌

頰肌
頰肌作用為牽引口
角向後為口輪匝肌
的拮抗肌

顴大肌、顴小肌、提上
唇肌，在笑的時候收縮
向上移動

顴大肌

笑肌

口輪匝肌
作用為閉唇、咀
嚼、發音

笑肌位於口的兩側，在微笑或大笑時
能使嘴張開。收縮時笑肌往兩側移動

咬肌

在受驚或者緊張的表情
的時候頸闊肌會運動。
它使得皮膚向前隆起，
把下巴或者有時牽代嘴
角向下拉

頸闊肌

降下唇肌

降口角肌

頦肌
用力嘟嘴時，頦肌會收縮，
造成下巴皮膚的皺縮與上移
同時會有鼓起現象

嘴的兩個外緣各有一塊口角提肌，可
使嘴角翹起。頦的兩側各有一塊口角
降肌，可使嘴角下垂。通常與負面情
緒有關

以下我列出幾條與情緒較為相關的肌肉，並說明其與情緒的關聯性，請確實地跟著實驗擺動、拉動肌肉，試看看是否真的有這樣感受：

| 肌肉 | 功能 | 相關情緒 |
|---|---|---|
| 額肌 | 眉毛上揚 | （眉毛上揚）驚訝<br>（眉頭上揚）悲傷<br>（眉頭上揚）恐懼 |
| 皺眉肌 | 皺眉<br>眉毛上揚<br>眉毛下壓 | （眉頭上揚）恐懼、悲傷<br>（眉毛上揚）驚訝、疑惑<br>（眉毛上揚）不信任、不相信<br>（眉頭下壓）憤怒、思考<br>（雙眉緊皺）輕蔑、思考、<br>厭惡不耐煩、持否定態度 |
| 眼輪匝肌 | 張眼、閉眼<br>眨眼 | （張大）驚訝<br>（張大）憤怒<br>（緊縮）厭惡<br>（緊縮）悲傷<br>（緊縮）愉悅<br>（緊縮）輕蔑<br>（張大或緊縮）恐懼 |
| 上唇鼻翼提肌 | 加深鼻唇溝<br>張大鼻孔<br>嗤之以鼻動作 | 憤怒<br>厭惡<br>恐懼<br>輕蔑<br>愉悅<br>（痛哭）悲傷 |
| 鼻眉肌<br>（鼻錐肌） | 配合負面情緒時皺起皮<br>膚，提眼睛。<br>收縮時，兩條眉毛之間的<br>肌肉被下拉、拉攏。也是<br>用以提起鼻孔的其中一塊<br>肌肉 | 憤怒 |
| 口輪匝肌 | 嘟嘴、閉嘴發音、咀嚼 | （緊繃）憤怒<br>（緊繃）厭惡<br>（緊繃）恐懼<br>（緊繃）壓抑的情緒<br>（嘟嘴）委屈 |

| 肌肉 | 功能 | 相關情緒 |
|---|---|---|
| 頰肌 | 幫助咀嚼、吸吮、吹奏樂器<br>牽引嘴角向後，在最深層使唇頰緊貼牙齒 | （笑）愉悅<br>輕蔑 |
| 笑肌 | 微笑時運用的肌肉位於臉頰外側<br>微笑或大笑時能使嘴張開會造成酒窩 | 愉悅 |
| 提上唇肌 | 提起上唇<br>張嘴露齒 | 憤怒<br>厭惡<br>恐懼<br>輕蔑<br>愉悅<br>悲傷 |
| 顴大肌<br>顴小肌 | 附在顴骨上<br>收縮時將肌肉撐起<br>與笑肌相互牽動產生酒窩 | 憤怒<br>厭惡<br>恐懼<br>輕蔑<br>愉悅<br>悲傷 |
| 降下唇肌 | 張嘴露齒 | 憤怒<br>厭惡<br>恐懼<br>悲傷 |
| 降口角肌 | 使嘴角向下<br>通常與負面情緒有關 | 厭惡<br>悲傷 |
| 頦肌 | 嘟嘴或閉嘴時<br>嘴下方皮膚皺縮<br>有時會有鼓起現象 | 厭惡<br>悲傷<br>壓抑的情緒 |
| 頸闊肌 | 在受驚或緊張的表情時<br>頸闊肌會運動<br>把下巴或嘴角向下拉 | 憤怒<br>緊張 |

　　上述肌肉反應除了能讓我們更瞭解大情緒外，也方便各位在做完練習、想進階觀察人的微表情時利用。

　　當瞭解這些肌肉的位置、功能及相關的情緒後，我們仍要將它們如「情緒定義練習」組合成一個完整的情緒的資料庫，如右圖，方便以後供潛意識運用。

# 臉部表情與肌肉作用之圖解說明

 基礎表情

悲傷 ➡

- 失敗的結果已造成，無法改變又必須面對
- 由分離、喪失、失敗引起的情緒反應
- 經歷上的挫折失敗

額肌：中束緊繃，眉頭輕微上揚。

皺眉肌：收縮，眉毛下壓，皺起（集中精神的悲傷）。

皺眉肌：放鬆，眉頭分開（完全失神的悲傷）。

眼輪匝肌：閉眼、瞇眼。

瞳孔：縮小（眼神失焦）。

上唇鼻翼提肌：鼻唇溝加深。

顴小肌／提上唇肌：上唇拉高。

降口角肌：嘴角向下。

頸闊肌：嘴角往兩側拉伸。

口輪匝肌：雙唇緊閉（抑制發出聲音）。

**基礎表情**

# 愉悅

→

- 高於期待的實現
- 感到高興或滿意
- 感到良好的情緒反應

額肌：平滑。

皺眉肌：放鬆，眉毛舒展。

眼輪匝肌：閉眼或瞇眼。

瞳孔：放大。

顴大肌：收縮，臉頰隆起。

上唇鼻翼提肌：鼻唇溝加深。

提上唇肌：上唇提升。

提口角肌：嘴角上揚。

頸闊肌：嘴角向兩側拉伸。

口輪匝肌：雙唇為開上提。

基礎表情

# 厭惡

➡

・不喜歡、不認同、排斥
・不足以威脅的負面刺激
・自上而下的否定

皺眉肌：收縮，雙眉緊皺。

眼輪匝肌：收縮，雙眉下壓，眼睛微閉，下眼瞼形成
　　　　　較多紋路。

提上唇肌：收縮，上唇提升。

鼻眉肌：收縮，皺起鼻子。

上唇鼻翼提肌，鼻唇溝加深。

頦肌：緊縮，下巴皺摺。

降口角肌：嘴角下拉。

頸闊肌：嘴角向兩側拉伸下唇。

口輪匝肌：緊閉，閉嘴。

基礎表情

憤怒
・事情發生低於主觀預期，自我強勢評估
・因極度不滿而情緒激動
・當願望不能實現，或為達到目的的行動受到挫折時
・一種緊張並不愉快的情緒

皺眉肌：收縮，眉毛下壓（眉頭低眉尾高），眉頭緊皺。

眼輪匝肌：放大，眼睛睜大。

瞳孔：縮小（怒目而視）。

上唇鼻翼提肌：鼻唇溝加深。

提上唇肌：上唇拉高。

降口角肌：嘴角向下。

口輪匝肌：雙唇緊閉（輕憤怒）。

下顎骨：將口腔打開（深憤怒）。

頸闊肌：嘴角往兩側拉伸。

基礎表情

恐懼
➡

・強烈自我弱勢評估，沒信心對抗或擺脫
・負面刺激有威脅，超出承受範圍
・負面結果還未發生

額肌：中束收縮，眉頭上揚。

皺眉肌＋額肌：眉尾下壓，眉頭緊皺。

眼輪匝肌：放大，眼睛睜大，上眼瞼提升／下眼瞼緊繃。

瞳孔：放大。

上唇鼻翼提肌：鼻唇溝加深。

提上唇肌或頸闊肌：嘴巴張大（吸氣）。

逃離反應／凍結反應／安慰反應／戰鬥反應。

基礎表情

# 輕蔑

➤

- 看不起、輕視、不屑
- 不想看到的厭惡，對刺激源做出較低的評價，不足以構成威脅
- 自上而下的強烈排斥感

皺眉肌：收縮，皺眉。

眼輪匝肌：雙眉下壓，瞇眼。

瞳孔：縮小（眼神可以斜瞟）。

上唇鼻翼提肌：鼻唇溝加深。

提上唇肌：上唇提升。

提口角肌：單邊或雙邊嘴角上揚。

頸闊肌：嘴角向兩側拉伸下唇。

口輪匝肌：單邊或雙邊嘴角上揚。

面不可能會轉離目標對象／側過臉。

從上述圖片中，你應該不難發現，表情是一個非常精密的行為，一個表情的產生必須透過許多肌肉共同組合運動，情緒產生時，不只是單一的肌肉，這也是為什麼我們有時候會在別人臉上看到很古怪卻又不知道怎麼解釋的表情，因為只要念頭不統一，或情緒是假的，肌肉都無法全部到位。

## 五分之一秒內的微表情

　　相信大家都有跟朋友開玩笑、惡作劇的經驗，有時我們明明要故作鎮定，但嘴角仍不受控制地微微上揚，即便其他的表情都很逼真，卻因為這小小的破綻而功虧一簣。

　　當人接受到刺激時，緊接著出現的就是反應，此時的反應代表著連當事人都不清楚的潛意識狀態，所以會出現在情緒之前。任何的行為反應都是透過潛動機開始，這個潛動機在意識底下，先出現的微表情是反映內心，當到念頭時就由意識接管了，所以兩者會有差異。

　　這正說明為什麼微反應和微表情很難掩飾，因為短暫的0.2秒，甚至連當事人都不能察覺到肌肉在末梢神經上的動作，因此自然無法遮掩，特別是犯罪偵查辦案時的詢問，就是觀察這些微的差距變化。

參照前面的肌肉圖模擬一樣的情緒後照照鏡子，看看臉部表情讓自己什麼樣的感覺，就能知道別人的表情會代表什麼樣情緒。

## 沒有內在眞實動力的假表情

人也會有所謂的「假情緒」和「假表情」，前者是偽裝的情緒，後者是偽裝的表情。雖然肌肉的動作一樣，但是內在的情緒動力達不到，或內心想法剛好相反，所以會讓人有假假的、不實在的感覺。

發生這樣的情況，通常有兩個原因，一個是場合職業需要，一個是內在的動能不足或記憶受到傷害，使當事人的情緒要做到某個狀態時，都只能強加偽裝，這樣的原因歸根到底，很多都是壓力所造成。

因此你可以常常聽到沒自信的人說話時，尾音掉下去，笑的時候，肌肉仍然有地方往下，或者正面情緒很短或過強，這都是因爲當事人沒有辦法如一般人有正常的表達情緒，因此在情緒溝通上會和一般人難以接軌。

如果觀察時注意到對方有「假情緒」和「假表情」，請千萬要將其還原爲眞實情緒，才不會產生誤判！

# 手部的特性與意義

## 雙手的情緒系統

行為語言不僅是人受到刺激時的潛意識表情反應，還可以藉由手、腳、身體的行為語言，判斷一個人的狀態和內心世界。

比起表情和口說，一般人沒有受過掩飾手部的訓練，因此我們更能從對方的手部動作看出他的喜好、習慣以及與世界連結的方式，有時比表情更能深入人心。

再者手腳的肌肉不如臉部複雜，因為結構較簡單也較容易觀察，觀察者可以輕易分辨，是一個不容忽視的參考點。

手與手臂能反應情緒腦裡的世界，是因為我們通常都是透過雙手「接觸」這個世界與他人，所以從這點我們可以看出一個人表達時的領域性、誠實性、開放性、職業和習慣等。

有一次我參加一個企業宴會，和主辦單位的工作人員剛好坐在一起，隔壁桌有個來賓男性相貌堂堂，非常俊美，工作人員於

是考我，能否看出那人的身分，由於只能觀察側面，我稍加留意手部運作就告訴他，對方應該從事和女性相關的行業，而且應該是剛從海外回國，工作人員感到驚訝，因為全被我說中，而我就是透過立即觀察對方手部的運作習慣來判斷。

## 從手部動作瞭解人心

**手部動作**

 有些人常常駝背，在思考事情時常搓著雙手（圖一、二）；又有些人思考的時候習慣一手抱胸、一手摸下巴（圖三、四）。

以上都代表每個人在不同情緒下，不同的性格及行為模式，也就是說同樣的刺激下，兩人都很困擾，但一個人是一直搓著手，而一個人一直鬆握手，就表示前者面對困擾很糾結，而後者則是會先不斷讓自己放鬆平靜。

因此當我們能抓準這些有效線索時，就能以更快的速度判別當事人的情緒系統會怎麼處理情緒和問題。

圖一　　　　　圖二

圖三　　　　　圖四

　　此外，最常見於行為語言書籍中的經典姿勢「雙臂交叉」，是一種常見的防禦性姿態，因為雙臂交叉時，手是擺在胸前的，我們也可以用在「心與心之間布下防線」理解這個動作。

　　如果有人常做出這樣行為，我們可以大膽假設這人屬於戒心比較重，不易輕信他人；但有些人思考時，也會常擺出這個姿勢，則是謹慎保守之意。

## 用手掌手心看坦白程度

手部動作

手掌之所以也被稱為手心，是因為手心對人，有「誠信坦白」之意，在很多歐美國家，當一個人宣誓的時候，他會把自己的右手掌貼在心口上，以示自己的忠誠，而當一個人在法庭上作證的時候，他還必須左手拿「聖經」，同時將右手掌舉在空中，面向法官，以示自己在法庭上陳述的一切都是真實的。（圖五、六）

在日常生活中，人們最常用的兩個基本手掌姿勢是掌心向上和掌心向下，前者多用於向別人表示自己的誠意，後者表示克制或是隱藏。

所以，一個人高舉手心，代表「我在這裡」（圖七、八），兩隻手代表「投降臣服」（圖九、十），舉在胸前代表「我沒帶武器」（圖十一），放在腿旁代表「我就是沒有」（圖十二、十三）。

只要把手心示人，往往可以讓人感覺到我們的誠意，這代表內心沒有隱藏，也有坦白誠信之意。

圖五　　　　　　　　　　圖六

圖七　　　圖八

圖九　　　圖十

圖十一

圖十二　　　圖十三

你不妨可以觀察看看，身旁有領導力、有魄力的人，是不是自然的會大幅度使用手臂和手，並把手心向外，而害羞內向的人，往往說話時手都不敢伸，站在台上，兩手會背在身後或是貼在大腿旁，手心向內，這都是一種縮小範圍的表達溝通方式。你可以很簡單的透過觀察手心和手背，就能知道一個人的誠實程度。

## 手是人體的縮小版

手是一個人身體的縮小版，所以從手部可以看出非常多訊息，一個人身體摩擦除了興奮，也有「安撫和思考」的意思，手也是亦然。

所以說話時可以多觀察別人的手指、手掌，是否有這樣的變化，若是在點頭稱諾時，對方雙手有摩擦，代表心裡有其他想法正在產生。

有句成語「摩拳擦掌」，是表示興奮期待、精神振奮、躍躍欲試的樣子，也說明當事者內心的念頭燃起，感到興奮不已。所以人在摩擦雙手時，很有可能是在期待些什麼。

再次提醒各位，我曾提到行為語言的指標必須結合在一起參考，所以當看到人摩擦雙手時，千萬別急著斷定他就是在一個高昂的情緒，而必須先看他摩擦的節奏。

雙手如果是快速地摩擦，代表期待，反之，如果是緩慢地摩擦，則有可能是正在思考、猶豫，此時的情緒並非高昂，反而是搖擺不定，摩擦的快與慢，有著意識興奮還是冷靜的差別。

## 雙手握拳的意義

雙手收縮握拳，類似人的頭部點頭，代表心意「確定了」，握緊代表「確定篤定」和忍耐，所以別人聽你說話後有如此的動作，代表他正在確定這個訊息，整個手握緊，連同手臂都是緊的，代表「忍耐」，在你說話前就是如此，之後也沒變得放鬆，代表他沒改變原本「確定的心意」。

很多被動受壓或壓抑的人，雙手也常處於收縮或握拳的狀態，因為當心裡始終處於確認忍耐的狀態，表示當事人不斷受到指令和壓力，無法放鬆，久了就會變成壓抑性格的情況。

比較特別的是，很多人認為握拳代表攻擊性，其實真正有攻擊性的人不是手握實拳，因為握越緊，越不利於攻擊，反而是握虛拳或沒握拳，但表情變得冷漠的人，那才是真正善於攻擊的人。

## 從拿取物品觀察

一個人雙手的運作方式，代表他接觸這個世界的方式，所以從雙手握持東西的方法，也能看出一個人如何待人接物。例如從冰箱拿一瓶飲料的動作，從開冰箱，拿飲料和關冰箱三個階段，可以看出他達到目的的手段和態度，對喜歡東西的態度，以及事情收尾的態度。

當一個人開冰箱快速，直接就把頭探進冰箱，就可以知道這個人非常目的取向。若拿東西時很輕，代表掌握控制性較低，但是立即就用力搖晃打開，則代表這個人非常自我。若關冰箱時用甩的，就代表此人做事不重視收尾細節。

但是這樣的情形仍會有些許差異，例如有人開關冰箱很輕，但開關門很重，這就是對冰箱和進出家門的態度有不同人格模式和看法；觀察者必須要有複數參數差異的分辨力。

# 腳部的特性與意義

## 腳代表深層記憶與神經系統

說完手部及臉部情緒表情後，再來看腳的部分。手部較屬於情緒系統，腳部則大多屬於神經系統，全身上下最誠實的部分就是腳，因為極少人受過腳的說謊訓練，屬於人最直覺的部分。

當我們看到一個人因為即將上台演講而緊張時，如果對方是嘴上嚷嚷：「哎呀，好緊張！」身體卻是站得很正、很直，沒有什麼多餘的動作，很可能只是他的認知系統認為「我應該要緊張」，或是因為「沒有太多這類經驗」而導致的緊張感，但潛意識裡根本不懼怕面對人群，這個人所說的緊張是屬於「不熟悉」，而不是一般人面對人群的緊張，我們要能夠區分兩者間的不同。

神經系統的緊張應該是連腳都會抖，但如果這人的腳未一直抖動晃動，只是一邊晃動雙手，一邊說緊張，則有可能是在情緒

185

系統部分，曾經有過不愉快的演講經驗，面對這種情形，只要讓他平穩情緒即可。在三大系統不同位置的緊張，會有不同的身體反應，也代表嚴重程度不一。

一般來說，認知系統的問題最容易克服，多加瞭解相關知識就沒問題。而情緒系統的問題則在鏡子前多練即可，但是神經系統就要逼自己慢慢學習面對，畢竟過去的經驗對當事人已經造成很深的影響。

當神經系統比較內向怯懦時，對於克服上台這種事就更為困難。如果不做自省日記的練習，任何訓練都很難得到顯著的效果，因為這種人即使嘴巴上不說，全部人都能感覺出他的緊張不安。這是由於腳的動作不像手那麼多，在表達方面不太有輔助效果，所以通常只能反映出當事人內心深層的感受。

透過行為判別感受從哪個系統發生的，對讀心師而言非常重要，因為只有知道來自哪個系統的影響，才有辦法將其根治。

## 從走路看出個性與決策模式

腳的行為語言在一般書籍中，常提到的多是腳的方位，例如學生快下課的時候，如果腳向著外面，很可能是他迫不及待想要下課去做些什麼，這類關於雙腳方位的代表意義，就不多提了，

但我想帶大家從一個人的走姿，瞭解神經系統如何在不知不覺中影響我們，讓我們在走路上就現形了。

走路的節奏常反應此人當下的心情。如果一個人走路輕快，跟這個城市的其他人走路節奏不一樣，表示他的心情可能是自在、愉快、輕鬆，他很可能是觀光客；如果走路極快，很可能是趕時間，通常會伴隨著焦躁、不耐的情緒；如果一個人走路極緩慢，則很有可能在想什麼事情，此時的心情大多會伴隨著猶豫或傷心。

手臂擺放的位置及擺動幅度也是參考的數據之一，當走路時，手臂大幅度擺動，表示當事人此時的狀態是自在或強勢的，我們常說的走路有風，通常都是手臂大幅度擺動的走法。

走路時，如果把大腿抬高，身體肌肉牽動是以大腿開始，通常表示有自信、有幹勁，我們看到模特兒走台步便常是這種走法。

如果一個人長期走路都是這種姿態，我們可以知道這人辦事很踏實、肯賣力，因為把大腿抬高走路是一件很累人的事，連走路都這麼實在，可以推測這人做事很拚命。

從小腿帶動走路的人，大多做事比較小心，無法充滿幹勁，特別是腳落的位置沒有超過膝蓋，因為通常觀察大腿、小腿夠不夠有力，以側面有無超過膝蓋來論斷。

小時候，如果我們以拖著腳步的方式走路，常會被長輩教

訓，因為看起來很沒精神，就像駝背一樣，但其實拖著腳步走路還能將其細分為三種，腳掌重心依前、中、後的不同，又各自代表不同的意義。

如果是拖著前腳尖走路，也就是腳掌重心在前面，通常有點愛玩和不確定，這樣的人比較難以踏實穩定做事。

如果有人平拖著走路，也就是腳掌重心在中間，走路都不會把腳抬起，通常是想事情或心情狀況不好，這種人做事顧慮很多又拖泥帶水；若拖著腳後跟走路，則通常是小心謹慎及猶豫的個性。

如果走路的方式是以髖骨為中心點帶動，走路時，髖骨在前，通常也屬於比較強勢，這種人做事有時會心不甘、情不願，或是以自我為主；若走路時髖骨是拖在後面，由全身帶動，這種人通常較小心、沒主見，也因為過於小心又沒主見，做事常怕東怕西，容易被人認為不乾脆。

有的人甚至會有以膝帶動行進的走路方式，有這種行走習慣

拖前腳尖

平拖中間

拖後腳跟

的人，走路時容易導致重心在前，走路搖晃，這種人非常拘謹和衝動，行為模式差異極大，由於走路習慣的限制，反應不能快，也常會處於情緒過猶不及的狀態。

　　大家可以觀察一下自己走路的方式，進而可以知道自己給人什麼樣的感覺！

　　有時瞭解這些不同的走路方式後，我上課前會和學員進行一個遊戲，將每一位學員脫在門口的鞋舉起，從鞋底的摩損部位以及樣式，猜測哪雙鞋屬於誰，答案通常八九不離十。由此可知，人的走姿與其神經系統個性絕對有著密不可分的關聯。

正常走路　　　　　　　　　抓腳趾，以膝帶動，足不過膝

腿部動作

腿部外開的走路方式（圖一），相較於腿部內縮的人（圖二），通常較為自信強勢。有些在路上進行陌生拜訪的業務人員，就會依據對方的走路方式判斷機率和做法。通常走路腿部內縮的人，比較害羞內向，不知道怎麼拒絕，不過也不容易做出承諾，腿部外開的人雖比較有自信並強勢，但也同時具備明快的特性，所以，若能依據這兩個簡單辨別方式，便可依照不同狀況而有不一樣的推銷方式。

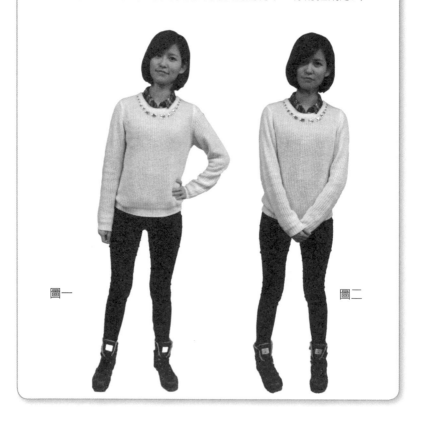

圖一　　　　　　　　　　　　　　　　　　圖二

## 第五節

# 身體的特性與意義

### 從距離判斷親疏關係

　　我們與每個人的關係親密程度都不盡相同，光是與同事和家人還有情人，至少就是三種不同程度的關係，這些關係會反應在相處時的距離上。

　　一般而言，大致可以分為四個種類，分別是：親密距離、私領域距離、社交距離，以及公共距離。

# 親密距離（近）

「親密距離」是最為密切的關係，近到兩個人有實際上身體的接觸，遠則到15至45公分。

「親密距離」多半在情侶或是父母和孩子相處時較常看到。有些說法是摯友也會出現身體接觸的親密距離，但有些前提必須說明：

首先，我們很少看到兩個男性死黨走路的時候，手牽手或是手臂碰手臂，這表示相較於女性，男性較不容易出現肢體碰觸同性的行為；能量高低也有差異，能量高的人，通常不喜歡觸碰或被觸碰。反之，能量低的人較喜歡去觸碰別人的肢體。

所以，國小時我們常可以見到兩個比較親密但內向的女生，一起手挽著手去上廁所，但強勢的人卻很少出現這種狀況，即便女生也一樣。

# 親密距離（遠）

「親密距離」較遠的是15到45公分，仍然是一隻手臂的距離範圍內。兩個成年男子間，就較可能會有這種距離出現，這裡可以解釋為摯友。

不過在電梯和擁擠的捷運中，大家因為空間限制必須靠近時，人還是會自動產生一定的身體語言作為防衛機制，例如把眼神或方位避開。但在擁擠情形下，人們若沒有自制的行為，反而故意讓身體接觸鄰人，或將眼神落在別人身上，尤其是異性間有身體上的碰觸，就很可能會被當為色狼或變態，因為這偏離了一般人的社交禮儀基準線。

## 私領域距離（近）

「私領域距離」近的為30到55公分，這樣的距離通常於夫妻與好友間，平時在逛街，手牽著手，都會有這樣的「私領域距離」。

熱戀期的情侶和老夫老妻是有差別的，當我們在判定兩個人的關係時，常能從距離中看出變化，甚至能推斷一對情侶交往多久，或多久後會分手。

# 私領域距離（遠）

「私領域距離」遠則為55到75公分，此一距離的人與人之間的碰觸較為有限，通常為兩個人在公共空間碰面，或在一些餐會上較常看見。

這種距離可以傳達多種訊息，其範圍由「我跟你保持著一臂的距離」到「剛才我不是暗示你向我這邊多挪一些過來嗎？」都有可能，此時就必須參考其他行為語言或這個人的基準線來判定。

倘若跟朋友保持著一臂距離時，卻慢慢的越離越開，則可能被認為有意擺脫對方的意圖。

# 社交距離（近）

「社交距離」近的為80到150公分，通常是在與朋友以外的人進行互動的距離，像是遇到超商店員之類的人時的距離。

# 社交距離（遠）

「社交距離」遠則為150到200公分，通常是希望保持一定關係又不希望靠得太近的距離，例如老闆常以這種距離觀察每位員工的工作情形。

然而此一距離也具有保護作用，像是在做事時可以不受他人干擾，繼續自身的工作，同時也可以隨時停下工作與他人進行互動談話。

「公共距離」近的為200到380公分，遠的為380公分以上，通常在較大的公共場合中出現，例如捷運站，當人想要避開交集時，就會與人保持兩公尺以上的距離。而距離愈遠，人與人彼此越難有交集與瞭解，相對的也可保持無干擾的狀況。

佛洛伊德在個人空間領域曾提過以下的研究論述：讓病人躺在沙發上，自己坐在病人看不到的地方，病人才不會覺得被侵犯，除去內心的壓迫，才能讓醫生暢所欲言，達到心理治療的目的，這便是注意到了距離對於心理產生的壓迫性。

## 身體與心理互為影響

心理會影響到身體與姿態的種種行為，其實身體的行為也會對心理產生影響。

好比一個人很沒自信，做起事怕東怕西，久而久之自然容易駝背，後來因為不斷駝背、收縮肩背的肌肉，因而讓人覺得好欺負而受歧視排擠，這就很可能與其境遇形成一個循環機制，而難以脫離被影響一輩子。

同理，當男孩子在當兵時，被訓練抬頭挺胸立正站好，一段時間後，周遭親朋好友覺得他當兵後，好像換了一個人，正是一樣的道理，那是因為他的心理、身體與其境遇形成了另一種新的

循環。

　　每一個人的習慣性姿態或情緒性動作所造成肌肉的活動，都與內心息息相關，因此當我們駝背無精打采的走路，原本平靜的內心會有許多情緒與感受出現，這也是為什麼人們常說「生理影響心理」的道理。

　　有的心理學家發現這樣的情形很適合應用在諮商輔導上，進而利用錄影幫助他人瞭解自我，例如會把此人與他人間的相處或生活種種拍成影片並放給他看，藉此討論他的許多行為、姿態與內心設定，讓當事人更能瞭解自己的真實情況，進而做精準有效的改變。

## 從坐姿觀察對方的態度

　　姿態是身體呈現暫時的心理狀態的一種外顯身體綜合狀態。一般人每五分鐘，姿態就會有所變換，在一些交際應酬的場合，通常都會有三到四種姿態變換，隨刺激和心理變化有所不同，因此我們可以透過不同姿勢，瞭解對方的心理變化。

　　以下列出幾項較常看見的一些坐姿與站姿，供讀者增加一些常見的行為資料庫。

常見坐姿

 靠椅子坐著，雙臂環抱，腳蹺著二郎腿，眼神直視目標物。通常多因為想到不悅的事情居多，此一狀態通常是想讓自己有所專注，不被外界干擾。

相對的，從其他人的角度來看，也會感受此人不想被打擾，而不會多與其有所互動。

整個往後深坐，完全靠著椅子，連手臂和肩膀也放鬆靠著椅背，腳略微張開，此狀態多為放鬆和慵懶的情況，多在家中或和要好的朋友喝咖啡或小酒，極度放鬆時，會產生的姿勢。

常見坐姿

雙腿靠緊，手放於胯下前，有點往前坐，沒有靠椅背且略
微駝背，此一狀態多為小心謹慎並略微不安，常發生在被
上司責罵時。

常見坐姿

臀部坐在椅子前半段，整個身體往前傾斜，此一狀態多為認真且亢奮，通常發生在聽一些激勵大會或演講時。

常見坐姿

坐姿直挺端正，有點正襟危坐的感覺，手扶於腿上，此一狀態多為想表現自己有精神且誠懇，在面對面試官時，大都為此種坐姿。

常見坐姿

 一腳勾著一腳往內縮，此一狀態多為愉悅且輕鬆，常出現在和朋友單純閒聊時。

常見坐姿

 整個手臂壓在大腿上，整個人全部傾向對方，此一狀態多為嚴肅且專注，通常在講到嚴肅的話題，並和自身有所相關的人事物時。

常見坐姿

 坐姿較為內八，多為害羞且不好意思。常發生在女生想給人好印象和感受時，或者出現在某些較為女性化的男生身上。

常見坐姿

 一隻腳外、一隻腳內縮的坐姿，通常顯示當事人覺得有趣
且有興趣主動表達。

## 從站姿觀察自信心

一個人是否有自信，決定別人對你的尊重。但如何從一個人的站姿判定他是否有自信呢？

答案很簡單，光從一個人腳距和側面身體角度就可以知道。一個人的腳距代表你的神經領域性有多大，寬過肩膀代表越有自信，窄於肩膀就是沒什麼自信。

站姿從側面看過去，站直正常是一百八十度，低於一百七十五度就會被認為沒自信，高於一百八十五度就會被認定自大。

再者，步伐大於一個腳寬就會被認定有自信，低於一個腳寬就會被認定沒自信。現在你可以起來走看看，試著去發現自己的身體給別人的感受為何？

以下我綜合幾項特徵給大家參考。

常見站姿

 站立時八字微開，雙手放於臀部並握住，多顯示當事人穩定自身處於觀察的狀態，手放於後面再加上穩固站姿，較能安定心神，胸前坦然感受也較為直接，常出現在主管觀察員工（上對下）並思考的情形居多。

**常見站姿**

雙腳與肩同寬,雙手放於丹田處握住,此一狀態多顯示謹
慎和小心時居多,雙手放前面有防衛的作用,會有種讓自
己比較不被受傷害的錯覺。常出現在小朋友被父母親責
罵,或做錯事被上司責怪的情形。

**常見站姿**

比較前面的腳不斷抖動，此一狀態多發生在急躁、心煩時。抖腳會有把等待的空白時光填補的感覺，常出現在和親友或伴侶有約，對方遲到，等待對方已久的情形中。可是如果平常就有這樣習慣，可以多觀察此人平常的基準線和一般人的基準線有哪些不同。

**常見站姿**

 站姿為三七步，身體的重心放在後方的腳，此一狀態多發生在攻擊防衛性和有反向人格出現的狀態。以一隻腳為中心能有鞏固領域中心的感覺，常出現在對陌生人的溝通上。

雙手環抱於胸前，肩膀往內縮的站姿。此一狀態多發生在苦惱和煩悶時，常出現在思考困難的事情，不知該從何而解的時候。

常見站姿

 髖部略微向前的站姿，此一狀態多發生在不悅且有點反抗的狀態，有委屈感，常出現在被主管使喚做事時，或在小朋友心不甘、情不願的情況下。

常見站姿

 把雙手都插在口袋的站姿，此一狀態多為內虛外強，藉由手插口袋而有放鬆安全感，同時小心的觀察周圍環境。此站姿常出現在人多的聚會中，一些較為內向又很少和人群接觸的人。

常見站姿

以單腳為重心的站姿，另一隻手插在重心的那隻腳的口袋中，此狀態呈現出放鬆且有趣的感受。常出現在一群朋友中較風趣幽默的朋友身上，對於許多事情都能開心好玩的閒聊幾句。

常見站姿

雙腳趨近併攏的站姿，雙手放置於旁，此一狀態展現出沒有多想，單純聽話，常出現在一些較為忠厚老實的人身上。

常見站姿

 略微內八的站姿，此狀態展現出不安及不知所措，常發生在受到某些驚嚇，而且還來不及反應的人身上。

| 第四章 |

# 練習運作大腦的習慣

## 第一節

# 幫助大腦將感覺
# 提升為感知

## 認知學習的瓶頸

我有一個非常熱愛學習與閱讀的朋友，時常參加各式各樣的訓練課程。在一次閒聊中，我問她：「學了這麼多的知識和技術，妳都怎樣運用在自己的生活中呢？」她語塞並且支支吾吾地拚命在記憶中搜尋答案，似乎她的生活並沒有因為學習而有任何的轉變。

其實這樣的情況很常見，為什麼我們會老是讀了又忘，學了不能用呢？我們常常都忽視這個時常浮現在心裡卻又不敢正視的念頭，繼續用閱讀和上課來不斷安慰填補自己。

似乎在這一個強迫學習到了近乎成癮的時代，好像只要一直獲得資訊，就代表有學習。但結果就如同我們常常閱讀完一本書之後，能從書裡說出來的心得總是不過寥寥幾句話。

讀心術是一門利用潛意識的技術，但是潛意識看不見也摸不

著，該如何利用呢？尤其現在是一個資訊極度爆炸的時代，光是一份報紙一週的資訊量，可能就比兩個世紀以前的人一輩子接觸到的資訊量還要多。

在讀心師的世界中也是如此，面對人心龐雜的訊息量，如何有效運用大腦原有的天賦開發心智潛能，將資訊轉變成知識，再將知識深化成智慧呢？

## 學習讀心術需要使用筆記

有沒有發現，當接觸到一則資訊或知識時，我們讀後的心得常常是已經知道的部分。就算有新的獲得，進展的幅度通常也不多，更不要談能夠立即用上，而做筆記正是深化我們的思考，運用潛意識的極佳方式。

以腦科學來說，記憶依長短來分，有短期記憶和長期記憶兩大儲存區。有些事情在短時間內能夠記得，但時間一久就漸漸遺忘，例如國中背誦的國文題解註釋，原因就在於訊息只進入短期記憶區。

短期記憶依賴聽覺與視覺，要將短期記憶存取到長期記憶區，則需要將視覺與聽覺的編碼，轉化成對我們有意義的連結，感覺提升到感知。不論是什麼樣的課程，只要沒有親自動手整理

過屬於自己的筆記，上課內容就永遠屬於老師的，因為寫過最多次的就是老師自己，而我們只坐在那邊感受而已。

對大腦來說，要翻轉這個情況，光是拿起筆書寫的舉動，就能運用到大腦的運動神經、感覺神經、視覺、聽覺和語言中樞，幾乎大腦所有的智能都在書寫的動作中使用到。所以光是書寫這個簡單的舉動，已經鍛鍊了大腦的各個重要部分，把你感受到的東西轉成感知記憶。

## 運用潛意識，使用原本大腦就有的天賦

那麼，我們該怎麼擺脫認知學習的困境呢？其實答案早就在我們的大腦裡。只是我們的教育模式大都只用認知的方式，而忽略大腦天生的運作方式。

如同前面的章節提到，潛意識在記憶時由淺入深經過六個層次，大部分的學習只在第一個認知層次。我們要做的便是透過適合大腦運作模式的引導方法，深化記憶與思考。從認知瞭解了以後，伴隨著感官經驗深入到感知記憶，不斷練習再進入程序性記憶，成為類似直覺性的反應。

這也是為何NBA球員在防守者完全遮住視線的情形下，仍然可以將球投進籃框。因為一般人以為視覺是大腦的知覺，其實眼

睛只是作為接收的功能，在一個投籃動作裡，視覺只需要做到協助運動員定位，後面的選擇和動作力度由潛意識負責運作。

## 心智圖是潛意識的分布圖

在讀心的練習過程，我非常推薦運用心智圖的筆記法幫助整合學習。心智圖的概念是在一九七○年代，由伯贊博士結合心理學、腦科學與語意學所發展出來。簡單地說，為了使大腦更有效地運作，伯贊博士試圖尋找一種更符合大腦原廠設定的記憶與思考的方式，而發展出這樣的學習方式。

心智圖整合了圖像和感覺這大腦運作的兩大要素，使用一種直覺式圖像描述的筆記方式。透過對主題的廣泛發想，全面性的在一張紙呈現出概念組織之間的關聯性。

利用全覽的方式，對於主題思考是否周全，有效的追蹤問題，比一般條列式的筆記更明顯好用。自由的發散聯想極具個人化思考的魅力，並全部在紙上一目了然，對於全局整體思考有很大的功用。

心智圖在視覺上看起來類似樹狀圖或是腦神經的連結網，以充分利用視覺的特性表達思想。我們看到一張心智圖時，會看見思考的主題位於中央，環繞著這個主題做發散式的思考，並以與

主題有關的關鍵字群表達跟主題有關的想法、關係或階層。

　　製作時，可利用例如顏色、線條、圖案、粗細等各種不同的視覺圖像幫助內容的呈現，充分幫助潛意識運作，整合記憶、分析、邏輯推理，以及歸納的大腦能力。

　　雖然目前市面上已有多款心智圖軟體，但手寫的方式還是較能促進大腦的整合活動，利用大腦本有的生理互動學習方式和多重感官與發散式思維，幫助我們容易抓住和記憶重點，舉一反三並觸類旁通。

## 做筆記的心法

　　許多人在學習時，常常只靠著聽覺在學習，覺得聽懂講者所說的話就會了，其實這是很大的誤解。不然你可以在聽完一堂課以後，試著說明那堂課的課程內容，就會發現被你的大腦記下來的資訊極少。

　　筆記最主要的作用不只在記錄所學，常常是深化自己思考的利器。透過筆記上的基礎，更進一步思考與發現自己未思考過的。

　　製作筆記時，先別想著要製作完美的筆記，筆記沒有好不好看、美不美觀的問題，也沒有怎麼做才正確。唯一的標準在於幫

助自己的理解與學習。

　　所以順著自己適合的方式，加一些實驗精神，創造屬於自己獨特的心智圖筆記就是最好方式。從以上的種種說明，當我們以心智圖（如下圖）思考人心與世界時，其實已經利用潛意識在進行讀心思考了。

關於「心學院工作坊」課程規劃的心智圖解範例

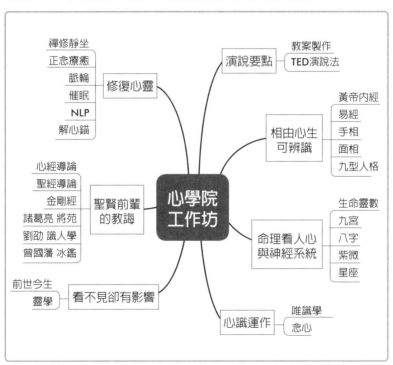

## 讀心術筆記的必備重點

利用心智圖做讀心術筆記有幾項重要概念：

### 思考主題

以往在做條列式的筆記時，主題通常置於文章的開頭，但在心智圖的筆記方式中，主題會置於整張紙中心的部分，所有的發想將圍繞著這個思考主題。

思考主題最好的選擇與切入點，就是平常日常生活中出現的疑惑，或是需要吸收大量資訊時，還是必須對主題進行釐清，以一個問題主題做發想和資訊蒐集。如同「心學院工作坊」課程規劃的心智圖解範例，我在規劃一整年的週末要進行哪些課程研究時，就從工作坊要做些什麼當作一個思考主題開始展開。

### 找出與主題有關且重要的關鍵字並將其簡化

以大腦的運作模式來說，最有印象的字詞容易回憶與產生聯想，通常也是最重要的字。在心智圖的筆記中，就稱這些為「關鍵字」。

這些關鍵字對於進行讀心思考至關重要，關鍵字是所有發想的起點，也是大腦中最能意識到的部分，就是大腦中原本有的資

料庫連結點。

對主題有關的關鍵字搜尋與敏感度很重要，因爲選擇了何種關鍵字，將引導我們如何思考這個主題。所以先憑直覺找出自己覺得重要的關鍵字，透過廣泛的思考與經驗練習，找出與關鍵字相關的要素，這在讀心思考練習中，稱爲複數思考。

最適合大腦提取資訊的字數，以中文來說，五個字以內最有效。所以在訂定關鍵字的時候，以五個字以內爲前提，最容易記憶。所以盡量使用代號或是小插圖，越簡單直接的代號，除了節省紙面的空間，更方便記憶與聯想。

## 將廣泛的發想（複數思考）分層分類

完成所有與主題關鍵字可能有關的所有要素之後，接下來開始動手整理蒐集而來的資訊。大腦的運作類似網際網路，每一個端點沒有開始或結束，而是端看我們思考的方式，對主題的詮釋方式與互相之間的關係，來決定心智圖的內容。

整理的方式在這個階段有三種，分別是分類、分層，或是關聯性。以自己的分類方法（畢竟是做給自己看的，按照自己分類的方式才有意義）來區分。

分類指的是將蒐集到的關鍵字，區分出不同的面向。在這些不同的面向中有關的元素或想法，依照重要性區分出階層，或是

以關鍵字與關鍵字之間的線條連結表示彼此之間的關係。到了這裡，一張簡單的心智圖筆記的輪廓已經出現。

## 利用圖像，符號與顏色來區分出意義

圖像、符號或是顏色，都是視覺感官容易吸取的資訊，所以當我們以自己的方式使用這些視覺技巧時，可以讓整張心智圖筆記內容更豐富且印象深刻。

例如不同分支的線條顏色表示不同主題，使用插圖或符號將關鍵字圖像化，用線條串聯不同關鍵字之間的關係，將重要的地方標上特殊的記號，或是編號標註次序等。

製作心智圖時，沒有一定的規則，但容易理解與記憶是唯一的原則。製作過程中使用圖案，或是將文字概念轉換成圖案，都是使用心智圖的好方法，例如顏色可以用來區分重要性或是不同面向。

以上各種技巧只提供參考，如果只想著美觀，或是記錄得過於龐雜，就失去原本使用心智圖的初衷在於有效且完整的釐清思緒。製作的心智圖對自己有意義最重要，只要能發揮想像力，就能創造自己的大腦記憶心智圖。

如果你要練習讀心術筆記，第一個最好的練習對象就是這本書，讀完本書後，也試著用自己的方式將書中的重點、大標題、

小標題、主題句，或是讀後心得想法，找出前因後果或關係，整理出一份屬於自己又有系統架構的心智圖筆記，最好有學習的同伴，互相看看不同的人如何思考同一個主題的。

第二節

# 從行為預知
# 一個人未來動向和選擇
# ——對境練習

　　在這一節，我要跟大家分享如何讓行為語言可以直接透過觀察預測當事者未來動向。

　　「對境論」是我多年來結合很多學問的內涵所領悟出來，用簡單的方式，根據一個人的內心世界，就能推測一個人未來的選擇和走向。過去我認為行為語言只能用於解釋當下，未來難以預測，因為人一天的念頭超過六千個，我們最多知道當下，但是未來沒人敢說，所以很難在行為語言的書籍裡找到答案。

　　但是當我發現所有念頭和不同行為來自不同大腦區塊後，就可以將念頭被分別出來，只要找到當事者大腦裡諸多念頭的強弱和執著，再一步運用我在禪學、紫微和易經上所領悟出的「對境論」解釋一切。

所謂「一切惟心造」，又言「一念生萬境起」，在讀心術的未來推演裡，確實也有這樣的道理存在，因為一個人的一個念頭升起，就有八十個的對境等著他，這裡列舉其中最主要的十六種來解釋。

## 一切對境從潛動機開始

首先你要設立起點「主境」（圖一），也就是找到行為背後的潛動機。我們遇到的所有事，不論幸與不幸，都是一個人心中念頭所示現的對境，不是根據他的念頭。

好比一個害羞的人想要做業務，只要他心中沒有自信、怕被人拒絕，就算他僞裝得很有精神、很有禮貌，客戶還是會感覺到他的

圖一

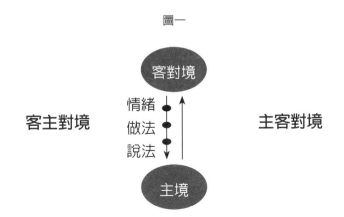

沒自信和恐懼，而以這樣的行為表現出客戶預設中的反應。所以只要潛動機、動機和念頭不協調，就會降低一個人的表達力。

依據圖一，請在主境設定出一個潛動機的想法為起點，「客境」就是站在別人的立場來看，因為這個世界是相對的，有高就有低，有上就有下，所以有主觀就會有客觀。

例如有一個人認為自己是一個比別人優秀的人，那從這個主境（他看別人）的「主客對境」很可能就會是「別人不比他優秀」，在別人的客境（對自己想法）如果是「我是不夠優秀的人」。在「客主對境」（他人看他）就會看當事者是「他很優秀，我想跟他學習」，所以產生任何一個念頭，都會有四種對境同時產生。

但不是所有人都會想「我是不夠優秀的人」，也不是不論到哪裡都可以遇到認同自己的人，所以只要「客對境」也是以「我是一個很優秀的人」發想，對方就很可能會在「客主對境」（他人看當事者）上，認為當事者「是個驕傲自大的人」。因此，當你認定一件事時，別人很可能不是如你這樣想，甚至會攻擊你，因此就會產生了「逆境」。

從圖二我們可知道，不管抱持任何念頭，都會有順逆的客對境，因為人不可能一輩子平順，也很難抉擇環境和流年，所以這些對境都會同時存在，只是比例差別。

然而當你所在的環境逆境實在太大，你一定會開始懷疑自己

圖二

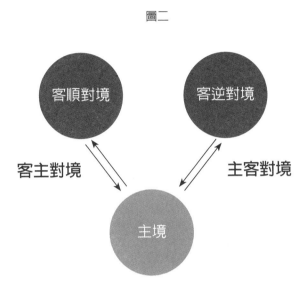

的主觀，就產生另一個心裡的聲音念頭，改變了你的主觀（心念的反作用力，也是另一個人格），這另一種聲音，在讀心術上稱「反境」。

　　例如當一個人認為「自己很優秀」，在此遇到很多挫折後，很可能會開始懷疑自己「是不是太驕傲了，還是低調一點好」。如第236頁圖三。

圖三

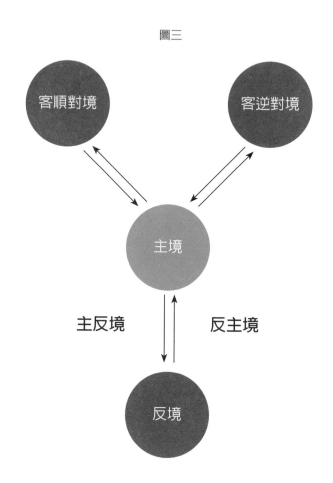

　　通常人在遭遇外境的挫折後，下一個所遇到的境，是自己的內心世界，所以，以主觀的起點來看，是另一種外境。然而反境的念頭，一旦開始產生與外界的互動，也會有順逆境，則變成圖四所示。

圖四

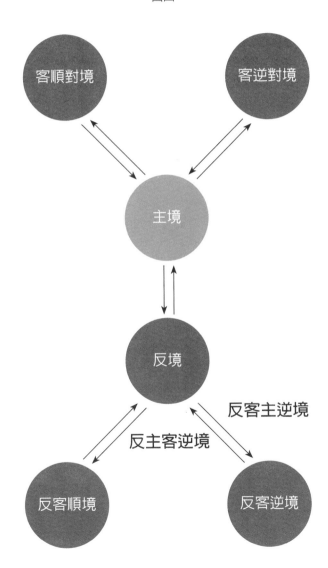

於是反境有了「是不是我太驕傲了，我應該低調一點」這樣的聲音，那「反客逆境」便是會有人告訴他「你不會驕傲，是別人羨慕你」，這便是反境的逆境，持相反的意見。

再來「反客順境」的人就是認為「低調好」，所以會告訴當事人「像我們這樣很好」。

這個原則很簡單，就是利用心中想法的作用力和反作用力推演出各自的順逆「對境」，再加上「主境」和「反境」內心中的對話和看法，組成共十六個境。

相信到這邊，你可能有些豁然開朗，其實我們遇到的主境延伸出去的所有人，都是同時存在這個世界上，我們會遇到什麼人，發生什麼事都是自己去相印的，所以行天宮上寫的五字「一切惟心造」，是古人的智慧，真實不假。

　　但是，在這十六個境中，彼此間又有什關係呢？大家可以看圖五。

圖五

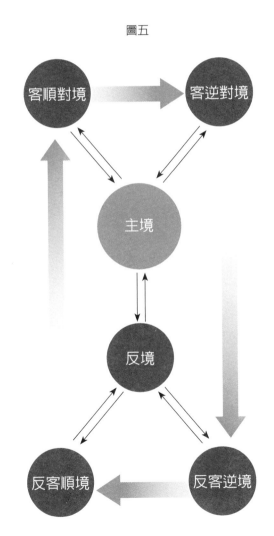

　　第239頁的圖五對於對境順序做了一個說明，第一個通常是左上開始，由當事者主觀認定尋找認同，然後再遇到挫折後，轉成右上的，如果難關過不了，就會走反境，但是走反境時，一開始一定會有人拉你或反對你的變化，然而人多有趨樂避苦的習慣，所以很快就會走左下角的對境，尋找新的認同，這個位置我們通常稱之為負循環的位置，但是為什麼一般人無法知道自己正在走負循環呢？原因很簡單，因為在當事者看來，這還是一個順境。

　　有的人會好奇，那是不是人後來也會轉上變好，箭頭會不會最後物極必反的往上走呢？這就要看個人覺性如何了，是不是有一天會自己醒悟過來，覺性越高越快，覺性低的就還需要一點時間或機緣。

　　好比有的人在現實世界挫折後，就會躲進網路遊戲世界，一開始都會有人拉他、提醒他，不要過於沉迷，但當他掉入網路世界，不斷在裡面遇到更多相似的網友和正回饋後，就會渾然不知，一直沉迷於此。至於哪天才會從中醒悟出來，就要看個人造化和環境的變化了。

## 如何預言變化

　　這個圖是從易經卦相裡變化領悟出來的，用以觀察一個人未

來動向和選擇，應用層面極廣，甚至可以把一個人心理世界完全勾勒出來，也能預知未來的種種變化可能，因為一個人隨時一動念，就有八十個境在等著他，但是透過這個有序的方式，讀心者可以推出整張心智地圖，而八十個境最原始的核心就在這十六個對境裡。

讀心者只要看當事者的對境變化或反應（反應、情緒、行為、說法），就能猜到念頭的轉變，也能預知對方下一步會往哪邊走。

如果你要看一個員工是不是有向心力也很簡單，注意對方的反應，如果開會時都已經是負面情緒或低頭不語，幾次之後，他們心裡一定有想離職的念頭，那就算每天照常來上班，也會效率極低，因為心早跑了。

一旦心產生變化，反應情緒和行為都會開始變化，員工就很可能從當事者的順境變成逆境，然後想要離職了。

## 牽一髮動全身

每一個人的心念和境都是牽連在一起。也許有的人會想，要如何避免對境和變化呢？這個問題其實古人也常問起，所以很多研究易經的古聖先賢，最後都趨向道家或宗教思想，因為他們發

現這個世界最後還是如蝴蝶效應一樣，牽一髮動全身，只要沒有主境的執念，把全部的念頭都放下，接受種種變化，那對境就全無了，人也不會在種種對境裡輪轉。

例如，有一個失業的學員，過去老是自命清高（站在他的立場來看，他認為自己是優於別人的），到哪就批評公司和主管，非但順境全無，逆境還一堆，最後只好跟一群人整天抱怨政府和環境。

偶然來到我的課裡，在做完八十個對境的深入練習後，不禁涕淚悲泣，才知道原來不順遂都是自己造成的，於是痛定思痛改變對人的想法和態度，兩個月後一切都變了，他現在在新公司的人緣很好，很後悔過去浪費了那麼多時間。這個案例就是告訴我們，一旦你改變觀念，周遭的對境就會產生變化，一切遭遇其實都是你的心所選擇的。

現在請你試著依照以下範例把自己的執念放入主境做一個練習，看看會有怎樣的發現？

### 人心解碼顧問教育中心　讀心術 第六期　　認證考試 第二期

七、　　請推測這篇短文的作者可能遭遇到的種種對境。（12分）

> 活到現在，有種還不知道怎麼活著的沮喪感，然後……
> 在醫院待了一段時間，看著大家的表情類似，早上上班看著大家的表情也類似
> 什麼時候……我真的遺忘屬於自己的表情
> 拚命想抓注意義，卻發現一樣也留不住
> 努力到現在，知道自己真的有很多的動機，比如想超越姐姐
> 比如工作是我唯一的重心（說穿了）
> 一份屬於自己從心而發的任務
> 專屬於我自己的……
> 我突然發現，答案在自己的身上
> 我只能不斷向自己挖掘
> 直到……我找到，並且持之以恆

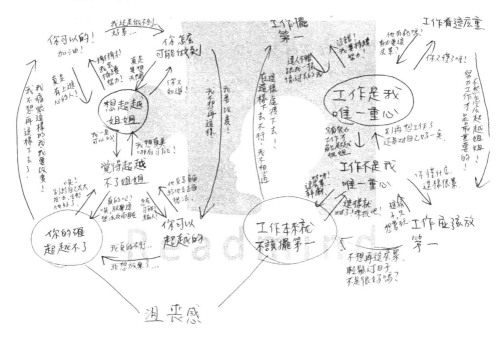

第三節

# 活化潛意識的
# 八種好習慣

　　經過十個重要的讀心練習後，你可以瞭解一個讀心師的基礎功有哪些，持之以恆就會讓你對自己驚訝不已。不過，這些大腦練習和感官也要互相配合才能如虎添翼，因為感官的分辨力越好，也會幫助大腦在後端運算加快許多，進而有助提升讀心能力。

　　大多數人常常忽略生活上的細節，看的時候走馬看花，吃的時候狼吞虎嚥，諸如很多類似的生活習慣都讓感官在生活中只能不斷找尋更刺激的享受，卻不能品味片刻的細緻與不同，造成感官不能分析微小的變化。

　　例如看完電影，只能說出好看，卻說不出好看在哪，東西吃完只能說好吃，但也不能說出好吃在哪，音樂聽完也不能聽出差別，只是不斷去享受，卻不知道在享受什麼，徒然讓生活的美好細節一閃而過。

　　讀心術的觀察，就是要在感官接收時達到最大訊息量。所

以，要練好讀心，不得不在感官能力上也加強一番。

一個人的天賦開啟與潛意識開發有絕對關係，擁有極高天賦者，能讓意識和潛意識的充分合作，也就是當事人可以輕鬆的用意識操控潛意識，所以一般人如果能把意識和潛意識結合得很好，或是不斷練習操控潛意識，便能發揮很大的力量。

所以你也不必太沮喪，仍可以透過後天的練習，把大腦裡原本該有後來失去的能力喚醒，只要找回這些原本的天賦，就已經比一般人敏銳三倍以上。

以下八個習慣希望能夠幫助你在日常生活中增加感官的敏感度，漸漸把天賦找回來。

## 習慣一，閉上眼吃飯

當我們關掉一個感官的接收，就會把所有注意分散在其餘的感官上，只要把注意力放到特定感官上，就會加強個別感官的接受力。所以，閉眼吃東西可以強化味覺與大腦皮層的辨識能力，讓你對味覺更敏感。

當然如果你敢挑戰，可以試著蒙眼在家生活一天，你就會發現世界一開始是暗的，但接著你的聽覺和觸覺會幫你建構出整個家的樣子。因為眼睛只是做為視覺接受，並不是影像的全部，心

智才是真正構築影像的處理器。你不會因為看不到就不知道顏色的差別，只要喚醒記憶，記憶就會幫你調閱出這個顏色。

## 習慣二，嘗試沒吃過的食物

當大腦習慣於固定模式，神經就會形成固定迴路，久而久之更難改變，便會下降你的感官和心智能力；相對的，不斷離開原本的程序模式，就會開啟新的大腦刺激，強迫形成新迴路。

當大腦習慣於不斷變化迴路，就會把注意力放到新的環境和變化，讓我們足以因應各種可能變化，也能因此提高我們的適應與變化能力。

在我們的生活上，最容易改變的就是吃與喝，這不僅是每天最常發生的選擇之一，又沒有選擇上的風險。不妨看到新餐廳就進去嘗試，或者菜單上的品項只要沒試過的，就點來試看看。

飲料亦然，只要便利商店裡推出新飲料就嘗看看，喜不喜歡都試一次，並且試著品味其中的味道特別之處。

## 習慣三，去沒去過的地方，走不常走的路

只要不斷變化刺激，就可以讓大腦不斷提高敏銳程度。但

只是強化變化和味覺可能不足，因爲在讀心術裡，視覺和聽覺最重要，所以如果你願意，請讓視覺、聽覺和觸覺也都碰觸新的刺激！這個方法極爲簡單，就是改換新環境，任何一個新的環境都有許多全新的刺激在等著你。

你可以試著每次放假都到不同的地方，或者到不同的餐廳用餐，或者改變常走的路線，試著用走路去逛你所在的都市裡的每一條路，並且走進商店看看，甚至去購買、去詢問，然後讓大腦把新的刺激放進情緒記憶，這樣就可以不斷累積資料庫，也能形成很多的新迴路，讓你的大腦習慣不斷製造新迴路，強化你的學習能力。

## 習慣四，閉上眼回想剛剛看到的場景

在十大練習裡，有個幫助觀察很重要的回憶練習，這個訓練在日常就能打下很好的基礎，就是不斷練習利用瞬間閉眼回想，強化短期記憶與視覺的連結，增加大腦的記憶力與瞬間專注力。

這個練習的關鍵在於「照相」，讓你的視覺只是進行「照相」，而不是專注在某一個點上，如實的記錄即可，然後在大腦裡進行回想，想想裡面有哪些東西被記下了，又漏了什麼細節，再對沒注意到的細節做一個定義，這樣大腦就會認爲那些特徵是

有意義的，以後也就會在無形中幫你記下來。

## 習慣五，盯著緩慢變化的東西

由於視覺幾乎占了行為語言裡百分之六十的訊息，所以強化視覺是讀心術裡最重要的部分，第四個練習中，我們學到了如實的「照相」，現在我們則要進化到「對焦」的微觀上，透過微觀發現細微的細節，找到當事者想隱藏的真實情緒（潛動機）。

微觀察，顧名思義就是看到細節，這個練習可以給大家兩個參考方向，第一個，你可以開始試著多注意生活上任何物品的細微組成，用手和眼睛注意材質和表面，或是別人細微的情緒。第二個，你可以試著注意細微變化的發生，例如盯著正在爬的蝸牛或者花開的過程。

這個練習請跟觀察物保持約三十公分以上的距離，別靠得太近，試著用眼睛對焦到細節上，而不是用手把物品拿近。

這種瞬間對焦能力往往能幫助讀心者快速的找到關鍵重點，是補足第四個練習的重要練習（但是這個練習不建議先於上面的練習，因為習慣於對焦到重點的視覺習慣，往往會讓我們失去更多視覺資料）。

## 習慣六，關掉聲音看電視

經過上面的幾個練習後，這個練習則揉合了前面幾個練習於一身，就是透過——看電視或電影來練習。

任何的動態影像都可以進行這樣的練習，只要很簡單的把聲音和字幕關掉即可，因為在大腦喪失這兩個訊息之後，為了要看懂內容，一定得加倍專注力在視覺上，才能補足失去聲音和文字訊息的不足。

進行第一次沒有字幕也沒有聲音，第二次則可以用聽的，不去看影像，用聽覺補足你缺少的訊息，順便也能強化聽覺並進行確認。

這樣簡單的訓練幫助非常大也不花錢，只要犧牲一點樂趣和多點時間投資，但是在這樣的練習十次之後，漸漸就會習慣了。

## 習慣七，眼睛閉起來聽周遭的聲音

在靜心練習裡，我要大家利用打坐提升感知，但生活中可以不只是坐著，站著、走著都可以，只要隨時把注意力集中，讓自己變成一個全然的接收狀態，都可以聽到很多的細節聲音。

轉換到一個新環境，就把眼睛閉起來，把附近的聲音遠近大小

和能量做一個確認。透過聲音把空間的相對位置定出來，把感受提升到感知，強化大腦皮層能力。

## 習慣八，說出來並寫下來

練習把資訊寫下來和說出來，可以幫助你把感受和潛意識（神經腦）轉化成認知（意識），再重新輸入回潛意識（情緒腦）製造迴路，便於未來使用。

所有的學習也一樣，如果不對感覺做分析，很容易就會被大腦代謝掉，好比上學的時候回家不複習，一週後根本想不太起來，只要不把知道的感覺拉到意識層面，再反覆操作後放回潛意識中，那麼神經腦的潛意識在做完反應後，很快便會回到原本狀態。

在試著寫下來幾次後，你也可以試著發表評論和文章，讓你的表達（情緒腦輸出）變得更有邏輯，久了之後便會不斷增加你意識的提取能力，才能真的活學活用讀心術。

# 結語

　　這是一本從行爲語言切入解讀人心的書，如果你把我所提供的練習，不間斷的練習超過三個月，相信會爲你帶來很大的驚奇，因爲每一個練習都是我從生活裡提煉出，對一個練習讀心者而言，最基礎、最平實的練習，對你的生活和職場將獲得七大面向的幫助：

## 第一、開發智能

　　一般人常有限制性信念、不愛思考，所以如果你樂意將它變成你的習慣，就能自然的達到天才的思考水平，也能自然的在同儕中脫穎而出。

## 第二、 加快學習

　　我所提供的讀心思考法，不斷練習就能夠提升大腦神經的聯結度，讓你生活中所有遇到的學習問題和障礙，不斷轉化成你大

腦能夠分析吸收的分子，變成你的智慧寶藏。讓你在學習上能夠較一般人更快數倍，少花費很多學習成本。

## 第三、 增加經驗

我們的人生是累積起來的，就連工作經驗也一樣，當你的學習速度大大提升後，讀心思考法可以幫你又快又穩固把所見所聞都轉成經驗。我在兩年之內晉升到大陸集團的總經理，正因我能把不同文化領域和所有管理知識，透過眼見和耳聞就轉成經驗，凡我遇到新的東西，就轉成未來所要用的資料庫。

## 第四、 瞭解人心

這是在讀心術中，大家最希望迫切想學到的技能，如果大家能獲得練習後的最後成果，你絕對不會再說「我不懂讀心了」，因為看似複雜的結果，用簡單的練習就能達到。

事實上，如果你長期練習下去，絕對能獲得極大的成果，請千萬要即知即行、知行合一的開始操作。

## 第五、 鑒往知來

讀心不只是知道當下，在這本書中有很多練習秘訣，就是了讓你打通過去未來，因為過去是未來的「來因」，未來是我們將

至的命運，都是可以選擇的，我們要知道這些就是為了對我們的未來有所掌握，從而改變命運。

## 第六、 知一切的緣生種種

當你運用「過去未來練習」與「對境練習」之後，相信不難發現，我們一生都在其中輪轉，沒有什麼是意外。

就連我在寫書的同時，耳朵得了蜂窩性組織炎，因為我在前幾天洗澡，耳朵進水、掏耳朵時受傷，晚上用木瓜霜去擦所造成，至於我為什麼會用木瓜霜，是因為我在木瓜霜的說明看到「修復皮膚」的功能。

但是我為什麼會買木瓜霜？這是我更早前去屈臣氏買東西，看到澳洲進口木瓜霜，想到紐西蘭的鞋粉還不錯，但是為什麼我會知道紐西蘭的鞋粉呢？又是因為一位學員……，這種種的機緣造成我的頭痛數日。然而其中只要少掉一個因素，這個頭痛的機緣可能就不會發生，不是嗎？所以這世界真的有意外嗎？

## 第七、 去除煩惱障礙

瞭解一切緣生種種之後，你不難發現今天發生的一切困難和煩惱，都是你的心相引相印而成，要破除這些煩惱，就要把你的心念看清看透，知道一切的煩惱從哪來，從而解決並預防。

　　最後，我要感謝所有一起健全這個領域的我的恩人與朋友，還有參與寫書的幾位讀心講師羅孟倫、林君霙、鍾建豪、陳勁至和吳宥萱，他們在我耳道發炎時，繼續了我的寫書工作，還有我們可愛的培訓講師歐陽佩宜，願意做爲照片示範的模特兒，也因爲他們才得以順利的成書。還有廣大的讀者，願這本書能爲你的人生帶來一點啓發，這便是我最大的心願。

# 照著做，
# 你也可以成為讀心大師

作　　者／鄧為中
責任編輯／張曉蕊
特約編輯／黃秀燕
校對編輯／吳淑芳
版　　權／黃淑敏、翁靜如
行銷業務／周佑潔、張倚禎

總 編 輯／陳美靜
總 經 理／彭之琬
發 行 人／何飛鵬
法律顧問／台英國際商務法律事務所 羅明通律師
出　　版／商周出版
　　　　　臺北市 104 民生東路二段 141 號 9 樓
　　　　　電話： (02) 2500-7008　傳真： (02) 2500-7759
　　　　　E-mail: bwp.service @ cite.com.tw
發　　行／英屬蓋曼群島商家庭傳媒股份有限公司　城邦分公司
出　　版／臺北市 104 民生東路二段 141 號 2 樓
　　　　　讀者服務專線： 0800-020-299　24 小時傳真服務： (02) 2517-0999
　　　　　讀者服務信箱 E-mail: cs@cite.com.tw
　　　　　劃撥帳號： 19833503　戶名： 英屬蓋曼群島商家庭傳媒股份有限公司城邦分公司
訂購服務／書虫股份有限公司客服專線： (02) 2500-7718；2500-7719
　　　　　服務時間： 週一至週五上午 09:30-12:00；下午 13:30-17:00
　　　　　24 小時傳真專線： (02) 2500-1990；2500-1991
　　　　　劃撥帳號： 19863813　戶名： 書虫股份有限公司
　　　　　E-mail: service@readingclub.com.tw
香港發行所／城邦（香港）出版集團有限公司
　　　　　香港灣仔駱克道 193 號東超商業中心 1 樓
　　　　　E-mail: hkcite@biznetvigator.com
　　　　　電話： (852) 25086231　傳真： (852) 25789337
馬新發行所／城邦（馬新）出版集團
　　　　　Cite (M) Sdn. Bhd. (45837ZU)
　　　　　11, Jalan 30D/146, Desa Tasik, Sungai Besi, 57000 Kuala Lumpur, Malaysia.
　　　　　電話： (603) 9056-3833　傳真： (603) 9056-2833　E-mail: citekl@cite.com.tw

內文排版／綠貝殼資訊有限公司
印　　刷／鴻霖印刷傳媒有限公司
總 經 銷／高見文化行銷股份有限公司　新北市樹林區佳園路二段 70-1 號
　　　　　電話： (02)2668-9005　傳真： (02)2668-9790　客服專線： 0800-055-365
行政院新聞局北市業字第 913 號

■ 2015 年 ( 民 104) 5 月初版
■ 2018 年 ( 民 107) 1 月 4.5 刷
定價 320 元
版權所有 · 翻印必究 （Printed in Taiwan）
ISBN 978-986-272-801-7 （平裝）

國家圖書館出版品預行編目資料

照著做，你也可以成為讀心大師 / 鄧為中著.
-- 初版 .-- 臺北市 : 商周出版 : 家庭傳媒城邦分
公司發行 , 民 104.06
面 ;　公分

ISBN 978-986-272-801-7 （平裝）

1. 行為心理學　2. 肢體語言　3. 讀心術

176.8　　　　　　　　　　104006596

城邦讀書花園
www.cite.com.tw